Ann-Kathrin Hörl

Interkulturelles Lernen von Schülern

Einfluss internationaler Schüler- und Jugendaustauschprogramme
auf die persönliche Entwicklung
und die Herausbildung interkultureller Kompetenz

KULTUR – KOMMUNIKATION – KOOPERATION

herausgegeben von Gabriele Berkenbusch und Katharina von Helmolt

ISSN 1869-5884

2 *Vasco da Silva*
Critical Incidents in Spanien und Frankreich
Eine Evaluation studentischer Selbstanalysen
ISBN 978-3-8382-0036-1

3 *Gwendolin Lauterbach*
Zu Gast in China
Interkulturelles Lernen in chinesischen Gastfamilien:
Eine Längsschnittstudie über die Erfahrungen deutscher Gäste
ISBN 978-3-8382-0082-8

4 *Katharina Bertz*
Akkulturationsmodelle in der aktuellen Forschung
Metaanalyse neuester wissenschaftlicher Studien über Akkulturation
ISBN 978-3-8382-0126-9

5 *Sabine Emde*
Immigration und Schwierigkeiten im deutschen Alltag
Eine chinesische Migrantin in Deutschland
ISBN 978-3-8382-0101-6

6 *Andrea Richter*
Auslandsaufenthalte während des Studiums - Stationen, Bewältigungsstrategien und Auswirkungen
Eine qualitative Studie
ISBN 978-3-8382-0108-5

7 *Jessica Bielinski*
Bikulturelle Partnerschaften in Deutschland
Eine Studie über Diskriminierungen, Konflikte und Alltagserfahrungen
ISBN 978-3-8382-0299-0

8 *Gabriele Berkenbusch, Katharina von Helmolt, Vasco da Silva (Hg.)*
Migration und Mobilität aus der Perspektive von Frauen
ISBN 978-3-8382-0156-6

9 *Ann-Kathrin Hörl*
Interkulturelles Lernen von Schülern
Einfluss internationaler Schüler- und Jugendaustauschprogramme auf die persönliche Entwicklung und die Herausbildung interkultureller Kompetenz
ISBN 978-3-8382-0361-4

Ann-Kathrin Hörl

INTERKULTURELLES LERNEN VON SCHÜLERN

Einfluss internationaler Schüler- und Jugendaustauschprogramme
auf die persönliche Entwicklung
und die Herausbildung interkultureller Kompetenz

ibidem-Verlag
Stuttgart

Bibliografische Information der Deutschen Nationalbibliothek
Die Deutsche Nationalbibliothek verzeichnet diese Publikation in der Deutschen Nationalbibliografie; detaillierte bibliografische Daten sind im Internet über http://dnb.d-nb.de abrufbar.

Bibliographic information published by the Deutsche Nationalbibliothek
Die Deutsche Nationalbibliothek lists this publication in the Deutsche Nationalbibliografie; detailed bibliographic data are available in the Internet at http://dnb.d-nb.de.

∞

Gedruckt auf alterungsbeständigem, säurefreien Papier
Printed on acid-free paper

ISSN: 1869-5884

ISBN-13: 978-3-8382-0361-4

Printed in Germany

Vorwort der Herausgeberinnen

Die Reihe *Kultur – Kommunikation – Kooperation* dokumentiert aktuelle Forschungen aus Sprach-, Kultur- und Sozialwissenschaften, die sich mit Kommunikation und Kooperation in unterschiedlichen Kulturräumen befassen. Im Zentrum stehen besonders die Bereiche der interkulturellen Kommunikation, des interkulturellen Lernens, der Migrationsforschung, der Biographieforschung und der Gender Studies. In methodologischer Hinsicht sind die Forschungsarbeiten vornehmlich auf den Gebieten der Gesprächsanalyse, der Soziolinguistik und der qualitativen Sozialforschung zu verorten.

Ein besonderes Anliegen der Schriftenreihe ist es, die Publikationstätigkeit begabter Nachwuchsforscherinnen und –forscher zu unterstützen und sie unseren Studierenden zugänglich zu machen. Denn diese Beiträge können modellhaft für Studierende sein, die auf der Suche nach Themen, Zielsetzungen und Methoden sind. Hier können sie auch Orientierung zu wissenschaftlichen Standards finden. Es handelt sich in unseren Augen um „good practice"-Beispiele der Nachwuchsforschung.

Mit diesem Band über *Interkulturelles Lernen von Schülern* präsentieren wir eine Studie, die einige bestehende empirische Studien zu diesem Thema auswertet, kritisch beleuchtet und interessante Ergebnisse aufzeigt.

Wir danken dem ibidem-Verlag, dass er unser Anliegen unterstützt und uns eine Plattform gewährt, Fachmonografien dieser Art zu veröffentlichen, und wir bedanken uns ganz besonders für die reibungslose und ausgesprochen angenehme Zusammenarbeit.

Die Herausgeberinnen

Gabriele Berkenbusch Katharina von Helmolt

(WHZ – Zwickau) (HS – München)

Inhaltsverzeichnis

Abbildungsverzeichnis

Tabellenverzeichnis

Abkürzungsverzeichnis

AFS -AFS interkulturelle Begegnungen e.V. (ehemals American Field Service)

BJR-Bayerischer Jugendring

IDI-Intercultural Development Inventory

SPSS-Statistical Package of the Social Sciences

SSIP-Sozialwissenschaftlicher Studienkreis für internationale Probleme

YFU-„Youth for Understanding“; Deutsches Youth for Understanding Komitee e.V

Einleitung

Hintergrund und Zielsetzung der Studie

Globalisierung, Immigrationszuwachs, multikulturelle Gesellschaft – all diese aktuell oft gehörten Begriffe weisen im Wesentlichen nur auf eines hin: Das Zusammenrücken der Völker aus den vielseitigsten Gründen. Die Begegnung und der Umgang mit einer anderen Kultur als der eigenen werden für viele Menschen zur Gewohnheit, sei es aus privaten oder beruflichen Gründen. Dabei erfolgt die Konfrontation mit unbekannten Symbolen und deren Deutungen. Verständnisschwierigkeiten und Missverständnisse sind oft die Folge. Behoben werden können diese nur, indem interkulturelles Lernen stattfindet. Durch dieses kann die für ein erfolgreiches Handeln und Zusammenleben in einer globalen Welt benötigte interkulturelle Kompetenz erreicht werden (vgl. Weidemann, 2007, 494).

Demnach ist „eine multikulturelle Gesellschaft darauf angewiesen, daß ihre Mitglieder, [...] insbesondere die der nachwachsenden Generation, zur interkulturellen Kommunikation und zum interkulturellen Lernen bereit und fähig sind." (Thomas, 1991, 188). Auf diese Anforderung an die Gesellschaft wurde in den letzten Jahrzehnten durchaus reagiert und so ist es nicht mehr nur üblich, dass Studenten oder Führungskräfte in Ausland gehen und dabei die Möglichkeit haben, ihre interkulturelle Kompetenz zu erweitern, sondern auch für Schüler gibt es immer mehr Chancen, schon frühzeitig interkulturell zu lernen. Dies reicht über Fortschritte in der interkulturellen Pädagogik bis hin zu einem vielfältigen Angebot für Jugendliche, mit Gleichaltrigen aus anderen Kulturen in Kontakt zu treten und im Rahmen von Austauschprogrammen Zeit im Ausland zu verbringen. „Fremden und Fremdem in Offenheit zu begegnen und die Chance für die Bereicherung darin zu erkennen und zu nutzen […]“ stellt dabei ein wichtiges Ziel dieser internationalen Jugendbegegnungen dar (Kues, 2006).

Vor diesem Hintergrund sollen in dieser Studie internationale Schüler- und Jugendbegegnungen näher betrachtet werden. Dabei soll insbesondere die Frage beantwortet werden, inwieweit interkulturelles Lernen durch internationale Jugendaustauschprogramme erreicht werden kann und in welchem Umfang dies sowohl in theoretischen als auch in praktischen Arbeiten untersucht ist. Des Weiteren soll die Geschichte internationaler Jugendbegegnungen skizziert sowie ein Überblick aktueller Möglichkeiten für Jugendliche, ins Ausland zu gehen, gegeben werden.

Aufbau der Studie und Vorgehensweise

Um die Thematik angemessen zu bearbeiten und die aufgeworfenen Fragen möglichst umfassend beantworten zu können, werden zunächst Definitionen interkulturellen Lernens aus der interkulturellen Pädagogik und der interkulturellen Austauschforschung aufgegriffen sowie Modelle interkulturellen Lernens aus beiden Forschungsgebieten vorgestellt, wobei die Auswahl Modelle fokussiert, die in einschlägiger Literatur zum Thema zu finden sind, z.B. im „Handbuch Interkulturelle Kommunikation und Kompetenz“ (Straub et al., 2007) oder in Auernheimers „Einführung in die interkulturelle Pädagogik“ (Auernheimer, 2007). Die Aktualität der präsentierten Modelle ist somit gegeben.

Das Folgekapitel leitet in die Materie der internationalen Jugendbegegnungen ein. Dabei wird die Historie internationaler Jugendaustauschprogramme beschrieben und auf das aktuelle Angebot für Jugendliche eingegangen. Um sich der Fragestellung des interkulturellen Lernens in internationalen Jugendbegegnungen zu nähern, soll des Weiteren die Entwicklung der Austauschforschung sowie der aktuelle Forschungsstand zum Thema skizziert werden. Die Grundlage für die beschriebenen ersten Kapitel dieser Arbeit bildete eine Literaturanalyse, die sowohl Primär- als auch Sekundärliteratur einschloss.

Abschließend werden vier Forschungsarbeiten, die sich mit den Effekten internationaler Schüler- und Jugendaustauschprogramme befassen, mittels einer deskriptiven Analyse vorgestellt. In deren Rahmen soll insbesondere untersucht werden, inwieweit interkulturelles Lernen Forschungsgegenstand ist und welche Rückschlüsse daraus gezogen werden können.

1 Interkulturelles Lernen

Interkulturelles Lernen findet immer dann statt, wenn eine Person gezwungen ist, sich mit einer für sie fremden kulturellen Umgebung auseinanderzusetzen (vgl. Layes, 2005, 126). Der Begriff des interkulturellen Lernens entstammt allerdings nicht einem einzigen Forschungsfeld, sondern er dient verschiedenen Forschungsfeldern als Bezugskonzept (vgl. Weidemann, 2007, 494).

> „Obgleich Lernen in der psychologischen Forschung eine zentrale Stellung einnimmt, ist der Begriff des ‚interkulturellen Lernens' in Deutschland heute weitaus stärker mit pädagogischer Forschung und Fremdsprachendidaktik assoziiert als mit einer Psychologie interkulturellen Handelns" (Weidemann, 2004, 33).

Trotzdem soll im Rahmen dieser Arbeit eine Begriffsbestimmung interkulturellen Lernens unter der Berücksichtigung beider Forschungsfelder gegeben werden – sowohl aus Sicht der pädagogischen Forschung als auch aus Sicht der interkulturellen (psychologischen) Austauschforschung.

1.1 Begriffsbestimmungen interkulturellen Lernens in der interkulturellen Pädagogik

Der Begriff des interkulturellen Lernens hielt in der Pädagogik durch die Immigrationsbewegungen nach Deutschland Einzug. In deren Folge war man bemüht, Migrantenkinder schulisch zu integrieren (vgl. Edmonson/House 1998, zitiert in Weidemann, 2004, 34). Neben der schulischen Integration der Migrantenkinder stand des Weiteren die Erziehung der einheimischen Schüler zu größerer Toleranz und einem kompetenteren Umgang mit Fremden im Mittelpunkt der pädagogischen Bemühungen (vgl. Weidemann, 2004, 34). Interkulturelles Lernen sollte dazu dienen, eine bessere Gesellschaft zu erschaffen, frei von Intoleranz und der Ausgrenzung der ausländischen Bevölkerung, Konflikte zwischen den verschiedenen Ethnien sollten beigelegt oder zumindest zur Entschärfung dieser beigetragen werden (ebd.). Interkulturelles Lernen stellte in der Pädagogik keineswegs einen eigenständigen, gar psychologischen Entwicklungsschritt eines einzelnen Individuums dar, vielmehr galt interkulturelles Lernen als eine Aktivität, die nur mit Hilfe von pädagogischer Einwirkung erreicht werden und zu den erwünschten Zielen führen könne (ebd.).

Deutlich wird diese Auffassung interkulturellen Lernens beispielsweise an der folgenden Begriffsklärung:

> „Interkulturelles Lernen zielt auf das Erkennen von Ambivalenzen und auf eine konfliktlösende, das Eigene und das Fremde in eine verstehende, fruchtbare Beziehung setzende Verarbeitung interkultureller Begegnung. Es zielt auf wechselseitige Akzeptanz, Anerkennung und Achtung des Anderen und des Andersseins." (Engelhard, 1994, 27, zitiert nach Weidemann, 2004, 35).

Dieses Verständnis von interkulturellem Lernen findet man vor allem in den frühen Beiträgen zur interkulturellen Erziehung wieder. Die damalige Fokussierung auf Ziele wie Empathie, Toleranz, Konfliktfähigkeit, Kooperationsfähigkeit und Solidarität zeigt, dass interkulturelles Lernen nicht als eine eigenständige Lernform, sondern vielmehr als eine „[...]Spezifikation sozialen Lernens [...]" verstanden wurde (Auernheimer, 2007, 128). Man ging davon aus, dass der Erwerb von sozialen Kompetenzen durchaus auch bei interkulturellen Problemen hilfreich sein kann und stützte sich deshalb weitgehend auf sozialpsychologische Theorien (ebd.). Kritisiert wird an der Auffassung des interkulturellen Lernens als eine Sonderform des sozialen Lernens, „ [...]dass Fragen der kulturellen Differenz oder auch Rassismen nur indirekt zur Sprache gebracht werden" (ebd.). Des Weiteren weist Auernheimer auf „[...] die Gefahr eines moralisierenden Unterrichts [...]" hin, durch den „[...] nur ein äußerlich aufgesetztes Verhalten erreicht [...]"

werden kann und somit keine tiefgründigen Veränderungen in Denk- und Verhaltensweisen der Schüler erzielt werden.

In aktuelleren Werken der interkulturellen Pädagogik bezieht man sich bei dem Versuch einer Begriffsbestimmung des interkulturellen Lernens nicht mehr nur auf die von der Migrationssoziologie vorgegebenen Theorien des sozialen Lernens, sondern orientiert sich auch an Erkenntnissen aus der Austauschforschung, welche im Folgenden näher erläutert werden sollen.

1.2 Begriffsbestimmungen interkulturellen Lernens in der interkulturellen Austauschforschung

Schon 1988 formulierte Thomas eine Definition interkulturellen Lernens, auf die heute noch sowohl von der Austauschforschung als auch von der pädagogischen Forschung zurückgegriffen wird (z.B. bei Auernheimer, 2007):

> „Interkulturelles Lernen findet dann statt, wenn eine Person bestrebt ist, im Umgang mit Menschen einer anderen Kultur deren spezifisches Orientierungssystem der Wahrnehmung, des Denkens, Wertens und Handelns zu verstehen, in das eigenkulturelle Orientierungssystem zu integrieren und auf ihr Denken und Handeln im fremdkulturellen Handlungsfeld anzuwenden. Interkulturelles Lernen bedingt neben dem Verstehen fremdkultureller Orientierungssysteme eine Reflexion des eigenkulturellen Orientierungssystems." (Thomas, 1988, 83).

Hierbei wird u.a. schon ersichtlich, dass sich die interkulturelle Austauschforschung anders als die (damalige) pädagogische Forschung mehr auf individueller Ebene mit der Problematik des interkulturellen Lernens auseinandersetzt. Ging man früher in der Pädagogik davon aus, dass interkulturelles Lernen nicht ohne auf ein Individuum einwirkende pädagogische Maßnahmen stattfinden könne, so

zeigt sich in der von Thomas dargelegten Definition eher das Gegenteil, man kann sagen, es wird einer Person mehr Selbstständigkeit zugesprochen. Allerdings werden auch hier Bedingungen gesetzt, ohne die interkulturelles Lernen nicht stattfinden würde: Zum einen wäre das die Lernmotivation („[…]wenn eine Person bestrebt ist […]“) und zum anderen der Kontakt und der Umgang mit einer fremden Kultur, also quasi das „Lernfeld“ (Weidemann, 2004, 41).
Interkulturelles Lernen fördert laut der interkulturellen Forschungsliteratur Veränderungen in den verschiedensten Bereichen, dazu zählen (vgl. ebd., 42f.):

„Kognitive Veränderungen“
Eine Person lernt u.a. ein fremdkulturelles Orientierungssystem zu verstehen, sein eigenkulturelles Orientierungssystem zu hinterfragen, sich in der fremden Kultur zurechtzufinden, Stereotypen durch differenzierteres Wissen abzulösen, etc.

„Handlungsbezogene Veränderungen“
Die betreffende Person erwirbt neue „social skills“, agiert sowohl in der eigenen als auch in der fremden Kultur erfolgreich, etc. Zu den handlungsbezogenen Veränderungen wird auch das Erlernen einer Fremdsprache gezählt.

„Affektive Veränderungen“
Die Empathiefähigkeit im Umgang mit dem fremdkulturellen Partner wird verbessert, die Angst vor interkulturellen Interaktionssituationen kann abgebaut und ebenso der Stress während dieser Begegnungen vermindert werden, etc.

„Awareness“
Die Person entwickelt ein Bewusstsein für den interkulturellen Charakter sozialer Begegnungen.

„Entwicklung von Metastrategien“

Es wird eine generalisierte Fähigkeit ausgebildet, sich in anderen Kulturen schneller zurechtzufinden, des Weiteren erfolgt eine bewusste Informationsverarbeitung und kein Rückgriff auf Routinen und Automatismen.

> Somit „[...] implizieren auch psychologische Begriffsbestimmungen einen ‚besseren‘, ‚toleranteren‘ Umgang mit Fremdheit als bestimmendes Merkmal interkulturellen Lernens [...]“, ähnlich wie die pädagogischen Definitionen (Weidemann, 2004, 42).

Thomas unterscheidet weiterhin verschiedene Qualitätsstufen interkulturellen Lernens. Zu Beginn steht eine relativ einfache Kenntniserweiterung über eine fremde Kultur, es folgen das Erlernen der kognitiven Orientierungsstruktur der Partner im Gastland und die Entwicklung einer Fähigkeit zum interkulturellen Lernen im Gastland. Die höchste Qualitätsstufe bildet die Kompetenz, sich Orientierungsstrategien anzueignen, die ein schnelles Zurechtfinden in einer fremden Kultur ermöglichen. Die letztgenannte Stufe interkulturellen Lernens sei dann erfolgreich, „wenn eine handlungswirksame Synthese zwischen kulturdivergenten Orientierungssystemen erreicht ist, die erfolgreiches Handeln in der eigenen und der fremden Kultur erlaubt.“ (Thomas, 1988, 83).

An Begriffsbestimmungen interkulturellen Lernens wird u.a. kritisiert, dass der Lernbegriff in der Regel nicht präzise verwendet wird und kaum näher auf in der Psychologie durchaus existierende Lerntheorien zurückgeführt wird (vgl. Weidemann, 2007, 494). Auch kann als negativ angesehen werden, dass der Begriff „interkulturelles Lernen“ oft für Studenten, Fach– und Führungskräfte eingesetzt wird, die sich im Ausland aufhalten und dabei individuelle Veränderungsprozesse durchlaufen. Für Flüchtlinge und Immigranten werden dagegen eher Begriffe wie „Akkulturation“ und „Assimilation“ verwendet, was mehr auf einen Anpassungscharakter der Veränderungsprozesse hindeutet. Dies lässt auf die oft noch vorherrschende ethnozentrische Meinung schließen, dass sich Mitglieder der westlichen Kulturen im Umgang mit anderen weiterbilden, also Kompetenzen aufbauen, während Migranten etc. Defizite abbauen (vgl. ebd., 496f.).

Obgleich beide Forschungsgebiete Begriffserklärungen für das interkulturelle Lernen geben, soll sich diese Arbeit vorrangig an den Begriffsbestimmungen interkulturellen Lernens aus der interkulturellen Austauschforschung orientieren, u.a. auch, weil in neueren Werken der interkulturellen Pädagogik ebenfalls Bezug auf diese genommen wird.

2 Modelle interkulturellen Lernens

In der Forschung wurden verschiedene theoretische Modelle entwickelt, die beschreiben, welche Prozesse bei Personen im Kontakt mit einer fremden Kultur ablaufen und wie sie mit ihren Erfahrungen umgehen. Im Wesentlichen unterscheidet man dabei Stufen- und Phasenmodelle, wobei sich Stufenmodelle besonders auf die Lern- und Entwicklungschancen einer solchen Erfahrung konzentrieren und verschiedene Qualitätsstufen des interkulturellen Lernens unterscheiden (vgl. Layes, 2005, 128).

Solche Stufenmodelle findet man sowohl in der Literatur der interkulturellen Pädagogik als auch in der interkulturellen Austauschforschung, wobei im letztgenannten Forschungsbereich weitaus mehr Modelle entwickelt wurden. Allerdings ist zu bedenken, dass der Großteil dieser Modelle noch nicht empirisch überprüft wurde (vgl. Auernheimer, 2007, 124 und Weidemann, 2004, 44). Trotzdem sind viele der Modelle sehr gut bekannt und werden häufig verwendet, weil sie u.a. eine Betrachtung aus einem größeren Abstand ermöglichen, da sie im Gegensatz zu vielen empirischen Arbeiten nicht an einen konkreten Kontext gebunden sind (vgl. Weidemann, 2004, 44).
Im Folgenden sollen Beispiele aus beiden Forschungsgebieten gegeben werden.

2.1 Ein Modell interkulturellen Lernens nach Georg Auernheimer

Der interkulturelle Pädagoge Auernheimer erarbeitet ein Stufenmodell, welches sich folgendermaßen darstellt:

1. Stufe Offenheit, Kontaktbereitschaft, Bemühen um Verständnis, Ernstnehmen, Anerkennung des bzw. der anderen
2. Stufe Erkennen von Stereotypisierungstendenzen, Reflexion eigener Vorurteile, Aufmerksamkeit für rassistische Strukturen
3. Stufe Einsicht in die Kulturgebundenheit menschlichen Verhaltens generell, Dezentrierung, Eingeständnis eigenen Befremdens, Umgang mit Angst
4. Stufe Fähigkeit interkulturellen Verstehens und Kommunizierens im Bewusstsein um Machtassymmetrien
5. Stufe Befähigung zum Dialog

Abbildung 1: Stufenmodell interkulturellen Lernens nach Auernheimer

Quelle: Auernheimer, Georg: Einführung in die interkulturelle Pädagogik, 2007, 126

Dieses Stufenmodell soll als eine Art Orientierungshilfe für die interkulturelle Arbeit fungieren, um bessere Zielsetzungen dieser entwickeln zu können. Es beschreibt also keinen konkreten psychologischen Prozess des interkulturellen Lernens. Bei der Entwicklung des Stufenmodells gibt Auernheimer zu bedenken, dass solche Modelle nur unter Berücksichtigung der Machtdimension entstehen können und auch die Stereotypisierungsproblematik dürfe nicht vernachlässigt werden. Andernfalls würde eine kulturalistische Sichtweise begünstigt (vgl. Auernheimer,

2007, 125). Zur Verdeutlichung und Erklärung von Auernheimers Bedenken soll an dieser Stelle ein Zitat von Nick stehen:

> „Was macht eine Situation zu einer interkulturellen Situation? Ist das tatsächlich immer klar erkennbar? Und ist wirklich davon auszugehen, dass interkulturelle Situationen besonders belastend sind und daher in ihnen besondere Kompetenzen erforderlich sind? Zu warnen ist meiner Auffassung nach vor der Tendenz zur generellen Kulturalisierung von sozialen Situationen. Spannungen und Konflikte in sozialen Situationen können vielfältige Gründe haben. Häufig werden Machtkonflikte, Machtasymmetrien und Formen sozialer Ungleichheit verschleiert, indem ein Konflikt als interkultureller definiert wird." (Nick, 2005, 194).

Obwohl die Möglichkeiten und Bedingungen interkultureller Erziehung und Bildung, die der Entwicklung von Kindern und Jugendlichen angepasst sind, bislang noch kaum erforscht wurden, müssten entwicklungspsychologische Aspekte bei Modellen interkulturellen Lernens trotzdem bedacht und beachtet werden, denn Kinder und Jugendliche besitzen eine altersgebundene Fähigkeit zur Perspektivenübernahme, sodass die Gefahr der Überschätzung der Kinder und Jugendlichen besteht und häufig zu viel erwartet wird (vgl. Auernheimer, 2007, 126f.). Auernheimer stützt sich dabei auf Theorien zur sozialen Entwicklung.

2.2 Das Entwicklungsmodell interkultureller Sensibilität nach Bennett

Das von Bennett entworfene Entwicklungsmodell interkultureller Sensibilität fällt ebenfalls unter die klassischen Stufenmodelle, die aufeinander folgende Stadien des Lernfortschritts darstellen (vgl. Weidemann, 2007, 494). Das fortlaufende Durchschreiten der einzelnen Stufen wird hierbei vorausgesetzt, d.h. um die nächsthöhere Stufe zu erreichen, muss erst die vorausgehende Stufe „erfolgreich" durchlaufen werden (vgl. Weidemann, 2004, 45).

Wie Bennett auch selbst anmerkt, handelt es sich also bei dem vorgestellten Modell um ein lineares Entwicklungsmodell, in dem man Anfangs-, Mittel– und Endstufen findet. Dennoch kann die Reihenfolge der durchlaufenen Stufen auch variieren, auch „Rückfälle" (gemeint ist die Rückkehr zu einer eigentlich schon durchlaufenen Stufe) können durchaus vorkommen (vgl. Bennett, 1993, 26).

Im Zentrum des Bennettschen Modells steht die (von Person zu Person) verschiedene Wahrnehmung und Interpretation kultureller Differenz und die damit verbundenen unterschiedlichen Erfahrungen, die Bennett als interkulturelle Sensibilität bezeichnet (vgl. Bennett, 1993, 24). Kulturelle Differenz kann in verschiedenen Stufen erfahren werden (vgl. ebd., 25). Interkulturelle Sensibilität könne weiterhin als eine Art kognitive Komplexität verstanden werden, wobei sich eine höhere Sensibilität durch die Kreation und die zunehmende Differenzierung kultureller Kategorien auszeichnet (vgl. Bennett, 1993, 25).

Interessant ist beim Bennettschen Modell auch, dass er sich nicht nur wie allgemein üblich auf die Sichtweise von Angehörigen einer kulturellen Majorität bezieht, sondern in den verschiedenen Stufen auch aufzeigt, wie sich diese bei Angehörigen einer kulturellen Minderheit („oppressed groups") äußern. Es werden ebenfalls zu jeder Entwicklungsstufe Lehrvorschläge für Trainingsgruppen unterbreitet, um in jedem Entwicklungsstadium Lernerfolge zu ermöglichen (vgl. Wei-

demann, 2004, 45). Im Rahmen dieser Arbeit soll allerdings auf diese beiden Besonderheiten des Modells von Bennett nicht näher eingegangen werden.
Bennett unterteilt sein Modell im Wesentlichen in zwei unterschiedliche Entwicklungsdimensionen: Dem „Ethnozentrismus“ und dem „Ethnorelativismus“. Die beiden Dimensionen folgen aufeinander, jede der Dimensionen ist in drei weitere Entwicklungsstufen gegliedert (vgl. ebd.).

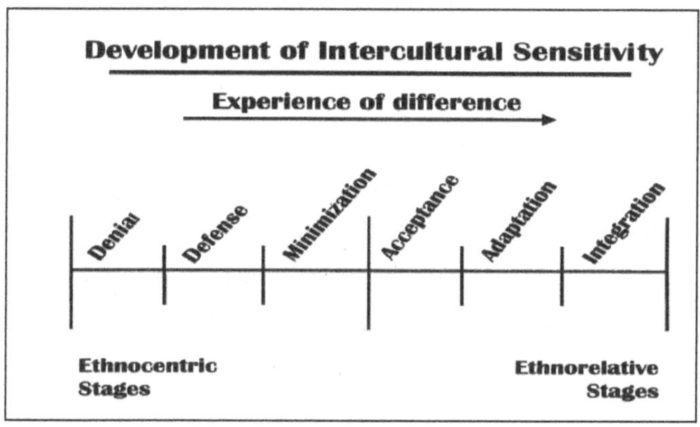

Abbildung 2: Entwicklungsmodell interkultureller Sensibilität nach Bennett

Quelle: A developmental model of intercultural sensitivity by Bennett, 14
Online verfügbar unter:
http://www.library.wisc.edu/EDVRC/docs/public/pdfs/SEEDReadings/intCulSens.pdf
(Zugriff: 28.04.2011)

Die ethnozentrische Entwicklungsdimension

Wie aus Abbildung 2 ersichtlich, steht die ethnozentrische Entwicklungsdimension am Anfang des Modells. Ethnozentrismus bezeichnet hierbei die Annahme, dass die durch die eigene Kultur vorgegebene Weltanschauung zentral für alle Realität ist (vgl. Bennett, 1993, 30).

Das regelrechte **Leugnen** aller kulturellen Unterschiede stellt die erste ethnozentrische Entwicklungsstufe dar (vgl. ebd.). Ein Mensch in dieser Entwicklungsstufe kann verglichen werden mit einer egozentrisch eingestellten Person. Genauso wenig, wie sich ein Egozentriker um die Belange anderer Menschen kümmert, zieht eine Person in der ersten ethnozentrischen Entwicklungsstufe die Existenz kultureller Unterschiede in Betracht. Obwohl ein solches Verhalten in der heutigen globalisierten und interkulturell kommunizierenden Welt kaum realisierbar erscheint, zeigt Bennett zwei Bedingungen auf, die eine solche Einstellung ermöglichen: Die physische *Isolation* und die aktive, soziale und räumliche Abgrenzung, die *Separation*.

Befindet sich ein Mensch im Zustand der Isolation, so nimmt er kulturelle Unterschiede in keinster Weise wahr, sie sind für ihn bedeutungslos. Es existieren keine Kategorien für kulturelle Unterschiede. Sollte es dennoch zu einer Konfrontation mit eben diesen kommen, so wird diese Konfrontation durch Prozesse selektiver Wahrnehmung umgangen. Selbst bei einem Auslandsaufenthalt kann man Menschen im Stadium der Isolation antreffen, beispielsweise wenn Amerikaner über Tokio äußern, dass „es sich anfühle wie Zuhause". Begründet werden solche Aussagen dann meist damit, dass es in Tokio ja auch nur viele Autos, hohe Gebäude und McDonalds Filialen gäbe. Dieses Beispiel zeigt das Fehlen von Kategorien für kulturelle Differenz und ebenso die selektive Wahrnehmung: Nur Dinge, die der Person vertraut sind, werden wahrgenommen (vgl. ebd., 31). Es ist dennoch möglich, im Zustand der Isolation Kategorien kultureller Unterschiede auszubilden, allerdings sind diese dann meist sehr breit gefasst, sodass z.B. zwar kulturelle Differenzen zwischen Asiaten und „Westlern" ausgemacht werden, jedoch keine Unterschiede zwischen Chinesen, Japanern und Vietnamesen, etc.

Auf die Isolation folgt die Entwicklungsstufe der Separation. Hierbei ist gemeint, dass aktiv physische und soziale Barrieren aufgebaut werden, um Distanz zu kultureller Differenz zu erreichen und somit nach wie vor den Zustand des Leugnens aufrechterhalten zu können (vgl. ebd., 32). Eine „Weiterentwicklung" im Vergleich zur Isolation lässt sich daran erkennen, dass kulturelle Differenz wenigstens nicht mehr komplett ausgeblendet wird, sondern aktiv versucht wird, ihr zu entgehen. Insgesamt könnte man die Entwicklungsstufe des Leugnens als relativ „gutartig" ansehen, da die in dieser Phase ausgebildeten Stereotype eher der Naivität als der Negativität entspringen. Allerdings impliziert die Stufe des Leugnens auch, dass kulturell Andere in eine Art „untermenschlichen" Status verwiesen werden können, mit denen man rechnen müsse und die man gegebenenfalls kontrollieren müsse. Bennett gibt in diesem Rahmen die versuchte Ausrottung der Juden durch die Nazis als ein extremes Beispiel an.

Die nächste Entwicklungsstufe ist die der **Abwehr**. Diese tritt ein, wenn man kulturelle Differenz nicht mehr leugnen kann und damit gezwungen ist, sich aktiv damit auseinanderzusetzen (vgl. Weidemann, 2004, 45). „Voraussetzung" für das Eintreten von Abwehrreaktionen ist hierbei, dass kulturelle Differenz als bedrohlich wahrgenommen wird, bedrohlich für den eigenen Realitätssinn und damit bedrohlich für die eigene Identität (vgl. Bennett, 1993, 34f.). Das Stadium der Abwehr stellt eine Entwicklung im Vergleich zum Leugnen dar, weil spezifische kulturelle Unterschiede wahrgenommen und ebenso spezifische Abwehrmechanismen dagegen entwickelt werden (vgl. ebd.). Allerdings kann diese Entwicklung nicht unbedingt als positiv angesehen werden, da die Unterschiede als bedrohlich angesehen werden und nun angestrengt versucht wird, Gegenstrategien zu entwickeln, um die Absolutheit der eigenen Weltanschauung zu bewahren. Bennett stellt drei Abwehrmechanismen vor: *Abwertung*, *Überlegenheit* (Aufwertung der eigenen Kultur) und *Umkehr*.

Abwertung stellt hierbei die am häufigsten auftretende Form dar. Es handelt sich dabei um negative Stereotypisierung, wobei Mitgliedern von anderen Gruppen als der eigenen unerwünschte Eigenschaften angedichtet werden. Dies kann sich auf

Rasse, Religion, Alter, Geschlecht oder auf jeden anderen Faktor beziehen, der Verschiedenheit indiziert. In dieser Stufe kann es durchaus vorkommen, dass eine Person in die vorausgegangene Phase des Leugnens zurückweicht, wenn sie von ihrer eigenen negativen Bewertung anderer geschockt ist. Dies begründet sich in der Schlussfolgerung, dass ein zukünftiges Vermeiden von Kontakt mit Anderen besser für alle ist, quasi um nicht noch mehr in eine „Hass-Spirale“ abzurutschen. Die letzte Form der Abwehr, von Bennett als Umkehr bezeichnet, ist nicht zwingend eine Stufe interkultureller Entwicklung, wurde aber dennoch oft beobachtet. Mit Umkehr ist hier gemeint, dass die eigene Kultur abgewertet wird und zeitgleich eine fremde Kultur aufgewertet wird (vgl. Bennett, 1993, 39). Dies bedeutet allerdings nicht, dass die ethnorelative Entwicklungsdimension erreicht wurde. Im Gegenteil, wenn mit der positiven Bewertung einer fremden Kultur die negative Abwertung der eigenen Kultur einhergeht, wird lediglich das Zentrum des Ethnozentrismus verschoben (vgl. ebd., 40).

An letzter Stelle der ethnozentrischen Entwicklungsdimension steht die **Minimierung**. In dieser Stufe erkennt eine Person kulturelle Unterschiede an und bewertet sie nicht als negativ, allerdings wird der Versuch unternommen, sich stark auf kulturelle Ähnlichkeiten zu berufen, sodass die Unterschiede weniger schwerwiegend erscheinen (vgl. ebd., 41). Kulturelle Differenz wird also trivialisiert, angenommene Universalismen werden stattdessen betont. Bennett beschreibt zwei Formen von Universalismus.

Der sogenannte *physische Universalismus* charakterisiert sich dadurch, dass sich auf die Gemeinsamkeit physischer Charakteristika berufen wird (Essen, Fortpflanzung und Sterben), die bei Menschen aller Kulturen gleich sind. Es wird also angenommen, dass Menschen auch Verhaltensweisen von Personen anderer kultureller Zugehörigkeit nachvollziehen können, da Kulturen eigentlich nichts anderes seien als Ausführungen fundamentaler Biologie (vgl. ebd., 42). Hierbei wird allerdings ein für die interkulturelle Kommunikation wesentlicher Punkt außer Acht gelassen: Jedes physische Verhalten wird auch durch einen kulturell einzigartigen sozialen Kontext bestimmt, wodurch jedes Verhalten auch in eine bestimmte Weltanschauung verstrickt ist (vgl. ebd., 43).

Im *transzendenten Universalismus* wird davon ausgegangen, dass jeder Mensch (wissentlich oder nicht) ein und demselben transzendenten Prinzip, Gesetz oder Imperativ entstammt. Religionen können deshalb als Beispiel eines transzendenten Universalismus angesehen werden, erkennbar in Äußerungen wie „Wir sind alle Kinder Gottes.“. In dieser Stufe wird kulturelle Differenz zwar am besten anerkannt und auch nicht mehr trivialisiert, allerdings wird sie nur als Teil eines universellen Prinzips angesehen (vgl. ebd., 43f.).

Zwischen der ethnozentrischen und der ethnorelativen Entwicklungsdimension liegt eine paradigmatische Barriere. Um in die ethnorelative Stufe zu gelangen, muss eine Umschaltung erfolgen: Vom Vertrauen in absolute, dualistische Prinzipien hin zur Anerkennung einer nicht absoluten Relativität (vgl. Bennett, 1993, 45f.).

Die ethnorelative Entwicklungsdimension

Fundamental für den Ethnorelativismus ist die Annahme, dass Kulturen nur in Relation zueinander verstanden werden können und somit auch ein bestimmtes Verhalten immer einem kulturellen Kontext entspringt und nur unter dessen Beachtung erschlossen werden kann. Es wird also anerkannt, dass es keinen absoluten Standard für Richtigkeit oder „Güte“ gibt, der auf kulturelles Verhalten anwendbar ist. Die eigene Kultur ist nicht mehr Zentrum aller Realität, sondern nur eine von vielen anderen Kulturen (vgl. ebd., 46). Die Umschaltung von Ethnozentrismus zu Ethnorelativismus stellt eine Veränderung im Umgang mit kultureller Differenz dar. Werden diese Unterschiede in den ethnozentrischen Stufen noch als bedrohlich angesehen und Anstrengungen unternommen, dieser Bedrohung entgegenzutreten, so wird im Ethnorelativismus kulturelle Differenz als nichtbedrohlich erfahren.

Die erste ethnorelative Entwicklungsstufe ist die der **Akzeptanz**. Kulturelle Differenz wird in diesem Stadium sowohl anerkannt als auch respektiert. Bennett beobachtet im Wesentlichen zwei verschiedene Entwicklungsformen der Akzeptanz, die aufeinander folgen: Zuerst stellt sich der Respekt für *Verhaltensunterschiede* zwischen Kulturen ein, wobei verbales und nonverbales Verhalten gemeint ist. Ist dieser Entwicklungsschritt vollzogen, werden allmählich auch kulturelle Unterschiede im *Wertesystem* respektiert, verschiedene Weltanschauungen werden anerkannt und die eigene wird relativiert.

Auf die Stufe der Akzeptanz folgt die der **Anpassung**. In diesem Stadium der Entwicklung werden Fähigkeiten zur Interaktion und Kommunikation mit Angehörigen fremder Kulturen ausgebildet. Bennett betont hierbei, dass mit Anpassung keineswegs Assimilation gemeint sei, denn dies würde bedeuten, dass die eigene kulturelle Identität nur durch die der neuen überdeckt wird, aber keine Entwicklung hin zum Ethnorelativismus erfolgt. Mit Anpassung ist vielmehr gemeint, dass neue Fähigkeiten zum Umgang mit anderen Kulturen in einem additiven Prozess erlernt werden, ohne dass dabei die ursprünglichen, der eigenen Kultur entstammenden Fähigkeiten ersetzt werden. Es wird demnach ein neues Repertoire an kulturellen Alternativen ausgebildet (vgl. Bennett, 1993, 51f.). Zur Anpassung gehören *Empathie* und *Pluralismus* (vgl. ebd., 52).
Empathie stellt hier die Fähigkeit zur Perspektivübernahme dar und ist insofern ethnorelativ, als dass dafür eine Verschiebung des Bezugsrahmens notwendig ist. Empathie ist allerdings sowohl zeitlich als auch in ihrem Umfang begrenzt, da sich

immer nur zeit– und nur teilweise in eine andere kulturelle Perspektive versetzt wird (vgl. ebd. 53f.).
Die Internalisierung zweier oder mehrerer kompletter kultureller Bezugsrahmen erfolgt erst in der nächsten Stufe der Anpassung, dem Pluralismus. Personen in diesem Entwicklungsstadium identifizieren sich mit mehreren Weltanschauungen, kulturelle Differenz wird als ein normaler Teil ihrer selbst erfahren. Mögliche Grenzen dieses Stadiums sind die Unfähigkeit, kulturelle Anpassung zu generalisieren oder zu akzeptieren, dass persönliche (Weiter-) Entwicklung einen Teil interkulturellen Lernens darstellt (vgl. ebd., 55ff.).

Die letzte Entwicklungsstufe des Ethnorelativismus ist die **Integration**. Eine Person in dieser Entwicklungsphase ist nicht nur sensibel für eine Vielzahl von Kulturen, sondern befindet sich in einem ständigen Prozess des Teilwerdens und des Sichloslösens von einem kulturellen Kontext. Es wird anerkannt, dass sich die eigene Identität immer nur aus dem Definieren von Identität an sich ergibt. Identität entspringt demzufolge immer dem Konstruieren bzw. Interpretieren von Realität, es ergibt sich ein dynamischer Prozess. Menschen, die sich dieses Prozesses bewusst sind, können daher in Beziehung zu vielen Kulturen stehen ohne den Beschränkungen einer bestimmten Kultur zu unterliegen (vgl. ebd., 60).
Bennett beschreibt zwei Entwicklungsformen der Integration. Zuerst bildet sich die Fähigkeit der *Kontextevaluation* aus. Personen können dabei Situationen aus einer oder mehreren gewählten kulturellen Perspektiven analysieren und evaluieren, um eine Entscheidung zu treffen, wie man sich in einem bestimmten Kontext zu verhalten hat. Laut Bennett ist die Kontextevaluation für viele Menschen der Endpunkt der Entwicklung, für nichtprofessionelle Zwecke sei dies auch völlig ausreichend und selbst in vielen professionellen Situationen kann in dieser Stufe interkulturell sensibel agiert werden (vgl. ebd., 63).

Eine Weiterentwicklung stellt die so genannte *konstruktive Marginalisierung* dar. Dies bedeutet, dass es für eine Person keine natürliche kulturelle Identität mehr gibt, sie befindet sich quasi am Rand aller Kulturen. Es existieren keine nicht hinterfragten generellen Annahmen, keine als absolut richtig geltenden Verhaltensweisen oder gar eine nötige Bezugsgruppe. Mit dem Begriff Marginalisierung ist hier keinesfalls ein negativer Beiklang verbunden.

Kritik am Entwicklungsmodell interkultureller Sensibilität

Wie viele andere Modelle ist auch das Bennettsche bisher nicht empirisch überprüft worden und beruht daher nur auf seiner interkulturellen Erfahrung (vgl. Weidemann, 2004, 47). Auch wird nicht näher darauf eingegangen, ob eventuell Stufen übersprungen werden können (vgl. ebd.). Obwohl Bennett in seinen Erklärungen Hinweise gibt, wie man Lernfortschritte erkennen kann, so werden jedoch die Lern – und Entwicklungsprozesse, die dabei ablaufen, nicht näher erläutert (vgl. Weidemann, 2007, 495). Trotz allem liefert Bennett ein verständliches und anwendbares Modell, welches sicher nicht zuletzt aus diesen Gründen seinen hohen Bekanntheitsgrad erreicht hat.

3 Internationaler Jugend- und Schüleraustausch

Im Hauptteil dieser Studie soll näher auf internationale Schüler – und Jugendbegegnungen eingegangen werden. Bei detaillierter Auseinandersetzung mit diesem Thema lässt sich zunächst in der Literatur eine große Bandbreite an Begriffen feststellen, die die Tatsache umschreiben, dass junge Menschen verschiedener Nationalitäten miteinander in Kontakt treten, zum Beispiel: Schüleraustausch, Jugendaustausch, Schülerbegegnung, Jugendauslandsreisen, Workcamps, etc. (vgl. Thimmel/Abt, 2006; Thomas et. al, 2007; Thimmel, 2009). Die Vielzahl an verwendeten Begriffen spiegelt gleichzeitig die Vielzahl der aktuellen Angebote für Schüler und Jugendliche wider, an internationalen Zusammenkünften bzw. Aufenthalten im Ausland teilzunehmen.

In der für diese Studie ausgewählten Literatur erfolgt teilweise eine strikte Unterscheidung zwischen internationaler Jugendarbeit und Schüleraustausch (vgl. Thimmel/Abt, 2006). Ein Grund für diese Trennung liegt beispielsweise in der Zuordnung zu unterschiedlichen Bereichen und administrativen Ebenen sowie zu verschiedenen Disziplinen der Pädagogik. Beide Formen der internationalen Jugendbegegnung entwickelten sich in den letzten Jahren zu bedeutsamen Praxisfeldern der Jugend- und Schulpädagogik (vgl. ebd., 15).
Daher werden zunächst beide Austauschformen vorgestellt, bevor auf die Geschichte der internationalen Schüler- und Jugendbegegnungen und die Entwicklung der Austauschforschung bis hin zum aktuellen Forschungsstand eingegangen wird.

3.1 Internationale Jugendarbeit vs. internationaler Schüleraustausch

Internationale Jugendarbeit

Auf administrativer Ebene fällt die internationale Jugendarbeit in den Zuständigkeitsbereich des Bundes. Im Rahmen seiner außenpolitischen Tätigkeit verfügt dieser finanziell und administrativ über die Hauptkompetenzen in der internationalen Jugendarbeit (vgl. Thimmel/Abt, 2006, 15). „Kommunen, Bundesländer und die europäische Union fördern zusätzliche spezifische Aktivitäten und Projekte [...].“ (ebd.). Internationale Jugendarbeit fällt laut § 11 des Kinder – und Jugendhilfegesetztes in den Bereich der Kinder- und Jugendarbeit und ist daher „[...] gebunden an die fachlichen Kriterien und allgemeinen Leitlinien wie z.B. Freiwilligkeit, Partizipation, Integration, Lebensweltorientierung, Gruppen- und Biographieorientierung“ (Thole, 2000, 260; zitiert in Thimmel/Abt, 2006, 18). Vorgaben für die Finanzierung und Konzepte der internationalen Jugendarbeit liefern z.B. der Kinder – und Jugendplan des Bundes, Koordinierungszentren des Jugendaustauschs, Jugendwerke, Richtlinien der Bundesländer und der Kommunen sowie die EU (vgl. Thimmel/Abt, 2006, 18).

Die internationale Jugendarbeit kann in drei Teilbereiche aufgegliedert werden. Zuerst zu nennen ist die Begegnung von Jugendlichen in Gruppenform. Hierunter fallen Jugendauslandsreisen, Workcamps, internationale Jugendbegegnungen auf Gegenseitigkeit sowie themabezogene multinationale Lerngruppen. Der zweite Bereich ist der Fachkräfteaustausch und die politische Zusammenarbeit von Jugendverbänden und Institutionen aus dem Bereich der Kinder- und Jugendarbeit. Den dritten Bereich bildet der Einzelaustausch im Rahmen der Freiwilligenarbeit. „Die Programmformen haben sich in einem dialektischen Verhältnis von Vorgaben durch die Förderungspolitik einerseits und gelingender Praxis und Innovation andererseits bewährt und weiterentwickelt.“ (ebd., 17f.).

Schüleraustausch

Im Gegensatz zur internationalen Jugendarbeit ist der Schüleraustausch Teil des Bildungssystems. Damit fällt den Bundesländern die alleinige Kompetenz zu (vgl. Thimmel/Abt, 2006, 15). Die Rolle der koordinierenden Institution übernimmt der Pädagogische Austauschdienst im Rahmen der Kultusministerkonferenz (vgl. ebd.). Thomas formuliert, dass der Begriff Schüleraustausch lediglich die Tatsache bezeichnet, dass die Schule als Organisator fungiert und meist die Lehrer verantwortlich für die Leitung der Projekte sind (vgl. Thomas, 2007, 657f.). Dabei lässt er allerdings die dritte Form des Schüleraustauschs außer Acht, welcher von eigenständigen Organisationen vermittelt wird (siehe unten).
„International orientierte Begegnungs- und Austauschpraxis als schulische Maßnahmen lassen sich nach unterschiedlichen Zielen, Formaten, Ländern und Finanzierungsmodalitäten unterscheiden.“ (Thimmel/Abt, 2006, 23). In der Literatur wird teilweise kritisiert, dass unter dem Begriff Schüleraustausch unterschiedliche Programmformate zusammengefasst werden, beispielsweise Individual – oder Gruppenbegegnungen bzw. Langzeit- oder Kurzzeitbegegnungen (vgl. Thomas/Perl, 2010, 289).

Der Schülereinzelaustausch lässt sich nach organisatorischen Kriterien in drei Arten aufteilen (vgl. ebd.):

Schulpartnerschaften - Mittels einer Schulpartnerschaft werden einzelne Schüler zu einem schulischen Aufenthalt ins Ausland geschickt. Ein Gegenbesuch der ausländischen Mitschüler kann dabei erfolgen, ist aber nicht zwingend vorgesehen. Dabei stand in traditionellen Schulpartnerschaften vor allem die Verbesserung der Fremdsprachenkenntnisse im Vordergrund, wobei die damals bevorzugten Länder Großbritannien und Frankreich die Wichtigkeit von Englisch und Französisch in den Curricula der Sekundarstufe II widerspiegeln (vgl. Thimmel/Abt, 2006, 22 bzw. Thimmel, 2009, 352). In modernen Schulpartnerschaften ist dagegen interkulturelles Lernen ein Hauptziel. Außerdem werden auch Länder gewählt, deren Landessprache nicht die erste oder zweite Fremdsprache in der Schule ist.

Bundesländerübergreifende Austauschprogramme - Ähnlich wie bei Schulpartnerschaften nehmen Schüler im Ausland am Schulleben teil.

Die letzte Art von Schülereinzelaustausch stellen **schulische Auslandsaufenthalte** dar, die mit Hilfe von in diesem Bereich tätigen Organisationen zustande kommen und auf privater Basis stattfinden. Hierbei sind weder Kontinuität noch ein Gegenbesuch der ausländischen Gäste zwingend vorgesehen. Beispiele für solche Organisationen sind „Deutsches Youth for Understanding Komitee e.V." oder „AFS Interkulturelle Begegnungen e.V.".

Die soeben wiedergegebene strikte Trennung von internationaler Jugendarbeit und Schüleraustausch soll für die folgende Skizzierung des geschichtlichen Verlaufs und der Forschungslage nur teilweise beibehalten werden.

3.2 Geschichte des internationalen Jugend- und Schüleraustauschs

Internationale Jugendbegegnungen können auf eine lange Tradition zurückblicken, die teilweise bis in die Weimarer Republik (1918-1933) reicht (vgl. Thimmel, 2009, 346). Nach dem Zweiten Weltkrieg erlebten sie einen regelrechten Aufschwung, da sie eine bedeutende Rolle bei der Entstehung der BRD einnahmen (vgl. Thomas et. al, 2007, 11). Ein zentrales Anliegen war das Zusammentreffen und die gegenseitige Kontaktaufnahme von Jugendlichen, da man „[...] nach Zeiten ideologischer Verblendung während des Nationalsozialismus [...]“ die genau entgegen gesetzte Richtung einschlagen wollte (Thimmel/Abt, 2006, 16). Außenpolitisch gesehen war man bemüht, die internationale Achtung und Anerkennung wiederzuerlangen, um das neue Bündnis mit den westlichen Mächten aufrechtzuerhalten (vgl. Thomas et al., 2007, 11).

Der Europagedanke war weit verbreitet, die Aufgabe der Nachwuchsgeneration sollte es sein, das zu erreichen, was die Vorgängergenerationen nicht geschafft hatten: Wieder Frieden und Eintracht unter den europäischen Ländern herzustellen und die durch den Ersten und Zweiten Weltkrieg entstandenen Schäden zu beheben. Deshalb war es für den Staat wichtig, Angebote einzurichten, die den intensiven Kontakt zwischen Gleichaltrigen verschiedener Nationalitäten ermöglichten (vgl. ebd.).

So entstanden schon in den 50er Jahren die heute als „Workcamps“ bezeichneten multinationalen Jugendlager, oft verbunden mit der Pflege von Kriegsgräbern und der körperlichen Betätigung an Bauten im sozialen Bereich im In- und Ausland (Thimmel/Abt, 2006, 17). Besonders bedeutend war hierbei die Beziehung zu den Nachbarländern. Ein Beispiel hierfür ist die Entstehung des deutsch-französischen Jugendwerks, welches 1960 aufgrund expliziter Abmachungen zwischen Charles de Gaulle (französischer Staatspräsident) und Konrad Adenauer (deutscher Bundeskanzler) gegründet wurde. Durch dieses Projekt sollte die bis weit in die Geschichte zurückreichende Erbfeindschaft zwischen den beiden Ländern überwunden werden und für ein nachbarliches Miteinander und nicht nur Nebeneinander gesorgt werden (vgl. Thomas et al., 2007, 12). Das deutsch-französische Jugendwerk ist des Weiteren ein Beispiel dafür, dass damals Austauschprogramme einer sehr hohen Wertschätzung zum einen seitens der Bevölkerung und zum anderen seitens der Außen-, Bildungs- und Kulturpolitik unterlagen, was dazu führte, dass die Schaffung von Institutionen in diesem Bereich sogar staatlich gefördert wurde (vgl. ebd., 11f.). Dies führte besonders durch die finanzielle Unterstützung zu einer raschen Entwicklung.

Der Schüleraustausch entwickelte sich dabei erst ab den 60er Jahren in größerem Maße. Ab diesem Zeitpunkt entwickelten sich auch neue Programmformate und Leitbilder, bei denen das Bedürfnis der Jugendlichen nach unverplanter Zeit während des Auslandsaufenthaltes und touristischen Programmpunkten ernster genommen wurde (vgl. Thimmel/Abt, 2006, 17).

Die damaligen Zielstellungen internationaler Jugendbegegnungen waren wiederum eng mit dem Europagedanken verknüpft. Die Jugendlichen sollten ihren sprachlichen, kulturellen und politischen Horizont erweitern, um somit später einen persönlichen Beitrag zur besseren Völkerverständigung leisten zu können (vgl. ebd., 16). Den Teilnehmern an internationalen Jugendbegegnungen sollte es ermöglicht werden, fremde Länder und ihre Bewohner sowie deren Art zu leben und Sprache kennen zu lernen. Das Ziel bestand darin, über Generationen innewohnende Vorurteile abzubauen und stattdessen positive gegenseitige Einstellungen zu erreichen (vgl. Thomas et al., 2007, 11).

> „Veränderungen in der internationalen Politik, in der Gesellschafts- und Bildungspolitik, bei den finanziellen und organisatorischen Rahmenbedingungen sowie pädagogisch-konzeptionelle Rahmenbedingungen haben dazu geführt, dass sich interkulturelles Lernen als zentrale Zielperspektive etablierte.“ (Thimmel, 2009, 347).

Daher wurde interkulturelles Lernen seit Mitte der 70er Jahre zum zentralen Lernziel (vgl. Thomas, 2006, 12).

Im Zuge der heutigen Internationalisierung und Globalisierung kommt weltweiten Jugendbegegnungen auch heute noch eine bedeutende Rolle zu. Besonders nach dem 11. September 2001 und aufgrund der bis heute spürbaren Folgen wird internationalen Zusammenkünften junger Menschen eine große Bedeutung beigemessen, da sie zum „Dialog der Kulturen" beitragen. Dieser gilt als einzige Alternative gegen den für viele gerade ausbrechenden „Kampf der Kulturen"[1].
Interkulturelles Lernen ist nach wie vor eines der Hauptziele internationaler Jugendbegegnungen, besonders im Hinblick auf die aktuellen globalen Entwicklungen, die interkulturelle Kompetenz zu einer wichtigen Forderung im Alltag machen (vgl. Thomas et al., 2007, 14). Für die Zielgruppe der 14 – bis 26-Jährigen gibt es aktuell ein breit gefächertes, ansprechendes Angebot an internationalen Jugendbegegnungen. Dabei sind die Begegnungsvarianten komplex und im Hinblick auf Dauer – und Programmformat, Teilnehmerzusammensetzung, Art der Unterbringung (beispielsweise in einer Gastfamilie) und auf die Vor- und Nachbereitung sehr verschieden (vgl. Thomas, 2006, 12). Obwohl das aktuelle Angebot breit gefächert ist, wird es von nicht mehr als 10 Prozent eines Jahrgangs in Anspruch genommen. Dabei dominieren Gymnasiasten (ca. 80 Prozent) und über 60 Prozent der Teilnehmer sind weiblich. Die genannten Zahlen beruhen allerdings auf Schätzungen (vgl. ebd.).

[1] Von Samuel Huntington in den 90er Jahren geprägter Begriff, der in seinem Werk „The Clash of Civilizations and the Remaking of World Order" ein Szenario beschreibt, nach dem die in der Welt nach dem Kalten Krieg dominanten Kulturen untereinander in Konflikte geraten, in denen religiös-fundamentalistische Strömungen die Oberhand gewinnen (vgl. Huntington, 1996).

3.3 Entwicklung der Austauschforschung und aktueller Forschungsstand

Generell wird die Austauschforschung als ein sehr heterogenes Feld beschrieben (vgl. Abt et al., 2006, 31), man findet Literatur aus den verschiedensten Wissenschaftsdisziplinen zu einer breiten Masse von Austauschprogrammen mit unterschiedlichen Zielsetzungen (vgl. ebd.).

Im Laufe der letzten Jahrzehnte gab es dabei immer wieder unterschiedliche theoretische Konzepte und Modelle, die für eine bestimmte Zeit für die Austauschforschung interessant waren, so beispielsweise das Kontaktparadigma bzw. die Kontakthypothese. Erste Forschungsarbeiten entwickelten sich u.a. durch die hohe Wertschätzung internationaler Jugendbegegnungen durch den Staat und die damit verbundenen Fördermittel (vgl. Thomas et al. 2007, 12). Im Folgenden sollen nur einige Beispiele der damaligen Wegbereiter der Austauschforschung genannt werden.

1959 erstellt Danckwort eine erste Bestandsaufnahme zum internationalen Jugendaustausch. Im Jahr 1962 stellt er dann fünf Gruppen von Einflussfaktoren vor, die für ihn beim weltweiten Austausch eine zentrale Rolle spielen: Persönliche Disposition der Teilnehmer, Rahmenbedingungen der Begegnungen, Qualität und Art der Leitung und Betreuung, Handhabung von gruppendynamischen Prozessen und Reaktion des heimatlichen sozialen Umfelds nach der Rückkehr (vgl. ebd.).

In den 60er bzw. den 70er Jahren entwickelt sich außerdem der „Sozialwissenschaftliche Studienkreis für internationale Probleme“ (SSIP), wodurch auch die Arbeitsgruppe Austauschforschung entstand. Diese Arbeitsgruppe machte es sich zum Ziel, eine wissenschaftliche Basis zu schaffen, um die internationalen Jugend- und Schüleraustauschprogramme zu qualifizieren. Der Grund für diese Ambition lag in den damals noch sowohl theoretisch als auch methodisch sehr unterschiedlichen Ansprüchen der Programme (vgl. ebd., 12f.).

Die wohl bedeutendste Veröffentlichung in den 70er Jahren erfolgte im Jahr 1979 durch Breitenbach. In seinem Forschungsprojekt (im Auftrag des Bundesministeriums für Jugend, Familie und Gesundheit) „Kommunikationsbarrieren in der internationalen Jugendarbeit“ untersuchte er verschiedene Arten internationaler Kurzzeitaustauschprogramme. Besonders an der genannten Studie war, dass erstmals die Möglichkeiten interkulturellen Lernens im Rahmen dieser Programme näher betrachtet wurden. Dies führte zu einer Weiterentwicklung der internationalen Jugend- und Schüleraustauscharbeit und einer neuer Schwerpunktsetzung der Austauschforschung auf das interkulturelle Lernen (vgl. Thimmel, 2001, zitiert in Thomas/Perl, 2010, 290). 1988 veröffentlicht die Arbeitsgruppe „Austauschforschung“ des SSIP unter Leitung von Thomas die Erkenntnisse aus einer Beobachtungsstudie, die sich mit Schüleraustauschprogrammen saarländischer Schulen mit Frankreich und Großbritannien beschäftigt. Auch hier besteht ein spezieller Fokus auf Potenziale des interkulturellen Lernens mittels dieser Austauschprogramme (vgl. Thomas, 1988, 9).

Sowohl die Studie von Breitenbach (1979) als auch die von Thomas et al. (1988) nimmt eher eine Kurzzeitperspektive ein, da die Daten durch teilnehmende Beobachtung und bzw. oder durch mündliche und schriftliche Befragung erhoben wurden, beides entweder während der Austauschprogramme oder kurz nach dem Ende der Programme. Ob die im Rahmen der internationalen Begegnung gemachten Erfahrungen weiter verarbeitet werden oder Auswirkungen auf den weiteren Lebensweg haben, war nicht Gegenstand der Forschungsinteressen (vgl. Thomas/Perl, 2010, 293).

1988 gründete sich außerdem der „Forscher-Praktiker-Dialog zur internationalen Jugendbegegnung“. Dieses Forum machte es sich zur Aufgabe, die wissenschaftliche Arbeit an internationalen Jugend- und Schüleraustauschprogrammen zu fördern und die gewonnenen Erkenntnisse „[…] zur Qualifizierung von Programmorganisatoren, Leitungspersonal und Teamern sowie ehrenamtlich und hauptamtlich im internationalen Jugend- und Schüleraustausch Engagierten zu nutzen." (Thomas et al., 2007, 13). Dieses Forum besteht bis heute und trägt auch aktuell noch dazu bei, Jugend- und Schüleraustauschprogramme zu qualifizieren und Anreizbedingungen zum interkulturellen Lernen zu schaffen (vgl. ebd.).

Trotz der bisher erwähnten Publikationen wird der aktuelle Forschungsstand in der für diese Arbeit ausgewählten Literatur zur Austauschforschung meist noch als marginal beschrieben (vgl. Thomas/Perl, 2010 bzw. Abt et al., 2006). Besonders gering ist der Forschungsstand zu den Bedingungen, Verlaufsprozessen und Wirkungen bzw. Resultaten des interkulturellen Lernens auf Individual- und Gruppenebene (vgl. Thomas/Perl, 2010, 288). Abt et al. kritisieren, dass es „[...] auf dem Hintergrund eines psychologischen Wissenschaftsverständnisses kaum Studien gibt, die sowohl theoretisch fundiert sind als auch eine systematische empirische Untersuchung darstellen." (Abt et al., 2006, 31). Stattdessen gäbe es besonders in der Literatur zum Schüleraustausch viele Erfahrungsberichte und Evaluationsstudien von den Trägern der internationalen Jugendarbeit, die aber trotz einer breiten Datenbasis aufgrund ihrer fehlenden theoretischen Fundierung in Frage gestellt werden. So habe sich „an der bereits in den 1980er Jahren bemängelten Theorielosigkeit in der Austauschforschung [...] bis heute aufgrund des fehlenden wissenschaftlichen Anspruchs der meisten Studien nicht viel geändert." (ebd.).

Der bisher relativ geringe Forschungsstand lässt sich u.a. durch die erwähnte Vielfältigkeit der Programmangebote erklären. Diese erschwert das Sammeln statistischer Daten über die jeweiligen Programme, „[...] von verlässlichen und detaillierten wissenschaftlichen Studien über die Lernwirksamkeit der einzelnen Programmformate ganz zu schweigen." (Thomas, 2006, 12).

Ein weiteres Problem stellt die Tatsache dar, dass viele der empirischen Arbeiten zum Thema im Rahmen von Diplom-, Magister- oder Doktorarbeiten erstellt werden. Diese werden selten publiziert, sodass eine schwere Zugänglichkeit zu den gewonnenen Ergebnissen gegeben ist. Werden allerdings derartige Arbeiten veröffentlicht, so sind die Basis der gewonnenen Erkenntnisse meist nur wenige Interviews oder kleine Teilnehmergruppen, die befragt werden (vgl. Abt et al., 2006, 31).

Obwohl der Forschungsstand noch relativ gering ist, konnte man dennoch schon wichtige Erkenntnisse gewinnen. Die bisher erstellten Arbeiten lassen sich nach folgenden Gesichtspunkten einteilen (vgl. Abt et al., 2006, 32):

- untersuchtes theoretisches Konstrukt (z.B. interkulturelles Lernen, Identität, politisches Lernen, etc.)
- Untersuchungsebene (Prozess- vs. Resultatorientierung)
- Art der Programme (Kurzzeitprogramme in Gruppen vs. längere Individualprogramme)
- Zeitliche Perspektive (kurzfristige Wirkungen vs. langfristige Wirkungen)

4 Studien zum Interkulturellen Lernen durch internationalen Jugend- und Schüleraustausch

Ein hoher Grad an interkultureller Handlungskompetenz bzw. eine größeres Potential zur Ausschöpfung von Möglichkeiten zum Erlangen derselben wird dann entwickelt, wenn eine Person in ihrer Lebensgeschichte schon für den Umgang mit kultureller Andersartigkeit sensibilisiert wurde bzw. Erfahrungen in diesem Bereich gesammelt und reflektiert hat (vgl. Thomas et al., 2007, 15). Daher bietet das breite Angebot internationaler Jugend- und Schülerbegegnungsprogramme eine sehr gute Basis, um die erforderlichen Qualifikationen zum interkulturellen Lernen und zur interkulturellen Handlungskompetenz aufzubauen (vgl. ebd.). Die im jungen Alter gemachten Erfahrungen im Umgang mit fremdkulturellen Gleichaltrigen erleichtern „[...] die Bewältigung später eintretender Anforderungen in kulturellen Überschneidungssituationen, den Umgang mit Akkulturationsbelastungen, interkulturelles Lernen und die Entwicklung kulturadäquaten Verhaltens sowie Reaktionen." (Thomas, 2006, 13).

Durch die Begegnung mit Jugendlichen anderer Nationalitäten werden für die Teilnehmer neue Erfahrungsfelder eröffnet, die für sie unbekannt und meist auch unerwartet sind. Dabei kommen sie in die für den Beginn des interkulturellen Lernprozesses notwendigen kritischen Interaktionssituationen, welche zu Diskrepanzerlebnissen führen. Findet ein solches Erlebnis im Rahmen einer internationalen Jugendbegegnung statt, so ist die Wahrscheinlichkeit einer Überforderung mit der Situation, die eventuell sogar zum Abbruch der Begegnung führen kann, relativ gering. Grund hierfür ist beispielsweise die Mitanwesenheit von Personen des eigenkulturellen Orientierungssystems, sodass eine Möglichkeit zum Austausch gegeben ist.

Des Weiteren gibt es Verantwortliche, an die man sich wenden kann, und den Teilnehmern ist es bekannt, dass es sich um eine Sondersituation handelt, die auf einen zeitlichen Rahmen begrenzt verläuft. All diese Faktoren tragen zu einem Sicherheitsgefühl bei (vgl. Thomas et al., 2007, 42). Somit sind „internationale Schulpartnerschaften, Schülerbegegnungs- und Austauschprojekte wichtige Lernfelder, in denen Lern- und Bildungsprozesses des Internationalen und Interkulturellen für Schüler ermöglicht werden." (Thimmel, 2009, 360).

Wie oben ersichtlich wird, räumen theoretische Arbeiten internationalen Jugend- und Schüleraustauschprogrammen große Potentiale zum interkulturellen Lernen ein. In den folgenden Unterkapiteln soll untersucht werden, inwieweit in empirischen Arbeiten zu internationalen Jugend- und Schüleraustauschprogrammen interkulturelles Lernen eine Rolle spielt, d.h. ob und - wenn ja - wie es in Studien untersucht wird. Dazu werden vier Forschungsarbeiten näher vorgestellt:

- AFS Interkulturelle Begegnungen e.V. (Hrsg.), 2005: Educational Results Study
- Bayerischer Jugendring (Hrsg.), 2004: Change your mind. Langzeiteffekte im internationalen Schüleraustausch.
- Thomas et al., 2007: Erlebnisse, die verändern. Langzeitwirkungen der Teilnahme an internationalen Jugendbewegungen.
- Bachner; Zeutschel, 2009: Students of Four Decades – Participants' Reflections on the Meaning and Impact of an International Homestay Experience

Die Auswahl dieser vier Arbeiten begründet sich u.a. mit ihrem hohen Bekanntheitsgrad, so werden sie oft in einschlägiger Literatur zum Thema zitiert (z.B. Thomas, 2007; Thomas/Perl, 2010). Alle genannten Untersuchungen lassen sich in den Bereich der Wirkungsforschung einordnen, ein Teilgebiet der Austauschforschung, welches sich mit den Effekten von Jugendaustauschprogrammen beschäftigt.

Wie oben beschrieben, wird in der Literatur zum Jugendaustausch interkulturelles Lernen als eine wichtige Wirkung von Jugendaustauschprogrammen eingestuft, was einen weiteren Grund für die Auswahl dieser Studien aus dem Bereich der Wirkungsforschung darstellt.

Die Reihenfolge der Präsentation ergibt sich aus den unterschiedlichen zeitlichen Perspektiven der Untersuchungen, so werden von AFS zunächst Kurzzeitwirkungen untersucht, während sich die drei restlichen Studien mit Langzeitwirkungen von Jugendaustauschprogrammen befassen. Abschließend soll in einem Teilkapitel die Fragestellung zur Untersuchung interkulturellen Lernens in den Studien beantwortet werden und weiterhin eine kritische Einschätzung dieser erfolgen.

4.1 AFS Interkulturelle Begegnungen e.V. (Hrsg.) – Educational Results Study

Von AFS Interkulturelle Begegnungen e.V. (AFS) werden einjährige Schulbesuche im Ausland mit Gastfamilienaufenthalt angeboten. Gemäß der im Kapitel 3.1. wiedergegebenen Einteilung der verschiedenen Schüleraustauschformen liegt hier also ein langes Individualprogramm vor, welches durch eine Organisation zustande kommt und auf privater Basis stattfindet. In den Jahren 2002 bis 2004 führte Mitchell Hammer im Auftrag des AFS eine Studie durch, die die interkulturelle Entwicklung von AFS Austauschschülern untersuchen sollte. Teilgenommen hatten neun Partnerländer von AFS (Brasilien, Costa Rica, Deutschland, Ecuador, Hong Kong, Italien, Japan, Österreich und USA) (AFS interkulturelle Begegnungen e.V. (Hrsg.), 2005, 4f.).

Ziele der Untersuchung

Im Rahmen der Studie sollte der Einfluss des AFS Programms auf folgende Faktoren untersucht werden (vgl. ebd., 5): Interkulturelle Kompetenz/ Sensibilität, Unsicherheit im Umgang mit fremden Kulturen, Wissen über fremde Kulturen, Fremdsprachenkenntnis, Interaktion mit Menschen aus anderen Kulturen, Freundschaften mit Menschen aus anderen Kulturen, Interkulturelle Effektivität, Unterstützung der von AFS vertretenen Werte und Zufriedenheit mit der Austauscherfahrung. Konkrete Fragestellungen und eventuelle Hypothesen werden nicht angegeben. Es liegt also eine resultatorientierte Untersuchung zu den Kurzzeitwirkungen von längeren Individualprogrammen vor (vgl. Kapitel 3.3).

Wahl der Stichprobe und Stichprobenbeschaffenheit

Für die Untersuchung wurden 1.500 AFS Austauschschüler aus den neun an der Studie teilnehmenden Ländern befragt, die von 2002 (ab Juli, August oder September) bis Juli 2003 am Programm teilnahmen (vgl. Gisevius, 2008, 40). Zusätzlich wurde eine 638 Personen umfassende Kontrollgruppe befragt, die nach der „best friend Methode" nach Andrews et. al gebildet wurde, d.h. in jedem der teilnehmenden Länder sollten mindestens 40 Austauschschüler gute Freunde benennen, die „[...] ungefähr ihrem Alter und ihrem eigenen allgemein sozioökonomischen Hintergrund entsprachen und eine ähnliche Schule besuchten", allerdings nicht an einem Austauschprogramm teilnahmen (ebd.). Tabelle 1 zeigt die Herkunft der Untersuchungsteilnehmer (Austauschschüler und Kontrollgruppe):

Herkunftsland	Anteil der Untersuchungsteilnehmer relativ[2]	Anteil der Untersuchungsteilnehmer absolut[3]
Brasilien	9%	184
Costa Rica/ Ecuador	8%	167
Deutschland	32%	685
Hong Kong	5%	98
Italien	14%	298
Japan	15%	318
Österreich	6%	118
USA	12%	250

Tabelle 1: Herkunft der AFS Untersuchungsteilnehmer

Quelle: eigene Darstellung (Zahlen entnommen aus AFS interkulturelle Begegnungen e.V. (Hrsg.), 2005, 5)

[2] Die Summe der angegebenen Prozentzahlen ergibt 101 statt der üblichen 100, die Ursache ist nicht bekannt. Vermutlich wurde gerundet.

[3] Auffällig ist, dass die Summe der absoluten Zahlen 2.118 ergibt. Es werden aber 1.500 Austauschschüler und 638 Schüler aus der Kontrollgruppe als gesamte Stichprobe für die Untersuchung angegeben, was eine Summe von 2.138 Befragten insgesamt ergibt. Warum in den Herkunftszahlen nach Land 20 Personen fehlen, wird nicht ersichtlich.

Der Großteil der Befragten war weiblichen Geschlechts (64 Prozent) und das Durchschnittsalter lag bei 17 Jahren. Die meisten Schüler verbrachten ihr Austauschjahr in den USA (ca. 70 Prozent) (vgl. Gisevius, 2008, 41).

Wie genau die Befragten ausgewählt wurden, wird (mit Ausnahme der Kontrollgruppe) nicht beschrieben, es wird lediglich benannt, dass der Jahrgang 2002/2003 befragt wurde. Ob dies alle Teilnehmer dieses Jahrgangs einschloss oder (wie vermutet wird) Stichproben gezogen wurden, wird nicht ersichtlich.

Methodik

Durch die Untersuchung wurden sowohl quantitative als auch qualitative Daten erhoben (vgl. ebd., 41f.). Als methodische Besonderheit der vorliegenden Studie wird die Verwendung des Bennettschen Entwicklungsmodells interkultureller Sensibilität (vgl. Kapitel 2.2.) und des darauf aufbauenden Befragungsinstruments („Intercultural Development Inventory“[4]) angegeben (vgl. AFS interkulturelle Begegnungen e.V. (Hrsg.), 2005, 2).

Qualitative Daten

Die Erhebung der qualitativen Daten erfolgte durch E-Journals (elektronische Tagebücher), d.h. ca. 40 Schüler nahmen in jedem Land an einer qualitativen Befragung teil. In deren Rahmen sollten sie viermal während ihres Auslandjahres einen zusätzlichen Fragebogen mit offenen Fragen beantworten, der ihnen per E-Mail

4 Messinstrument, welches in Anlehnung an das Bennettsche Entwicklungsmodell interkultureller Sensibilität entworfen wurde und dazu dient, die Wahrnehmung interkultureller Differenz einer Person im Rahmen der von Bennett vorgegebenen Stadien zu messen. Leider ist der Fragebogen nicht frei erhältlich, es gibt lediglich Veröffentlichungen, die die Entwicklung des Messinstruments beschreiben (vgl. Bennett; Hammer; Wiseman, 2003, International Journal of Intercultural Relations, 27, S.421-443).

zugeschickt wurde und Fragen zu kulturellen Unterschieden und zur Bewältigung von interkulturellen Situationen enthielt (vgl. Gisevius, 2008, 42). Befragungszeitraum war erstmalig im Oktober 2002, dann im Januar, Mai und November 2003. Insgesamt wurden 465 Schüler befragt, jedoch antworteten nur 172 Schüler, sodass sich eine sehr geringe Rücklaufquote von nur 20 Prozent ergab.
Aus den erhaltenen Antworten wurden aber trotzdem Fallstudien gebildet, d.h. die E-Journals von einzelnen Personen wurden näher untersucht (vgl. AFS interkulturelle Begegnungen e.V. (Hrsg.), 2005, 18ff.). Wie die Auswertung und die Aufbereitung zu den Fallstudien erfolgten, wird allerdings nicht deutlich.

Quantitative Daten

Die Austauschschüler wurden insgesamt dreimal befragt: Vor ihrer Abreise (Pretest im Mai 2002), nach ihrer Rückkehr (Posttest im September 2003) und sechs Monate nach ihrer Rückkehr (Post-Posttest im Februar 2004) (vgl. Gisevius, 2008, 41). Verwendet wurden dabei standardisierte Multiple Choice Fragebögen, welche Fragen dabei genau gestellt wurden, wird nicht erwähnt.
Es werden im weiteren Verlauf lediglich der *Intercultural Development Inventory (IDI)* zur Messung der interkulturellen Sensibilität und weitere, schon erprobte Standardfragen genannt, „dazu gehören u.a. das *Intercultural Conflict Style Inventory*, das *Intercultural Anxiety Scale* und das *Foreign Language Assessment Scale*.“ (ebd., 42). Wie genau diese einzelnen Fragen aussehen wird allerdings an keiner Stelle deutlich, es werden nur teilweise Hinweise auf die Herkunft der einzelnen Messinstrumente gegeben (vgl. ebd.).
Neben den Austauschschülern wurden auch deren Familien und Gastfamilien sowie die Kontrollgruppe schriftlich befragt. Die Rücklaufquote für die Teilnehmergruppe betrug 87 Prozent, die der Kontrollgruppe 78 Prozent (vgl. ebd.), für die

Gastfamilien und Eltern werden keine Angaben gemacht. Auf welche Art und Weise die quantitativen Daten ausgewertet wurden, wird nicht beschrieben.

Ergebnisse

Die Präsentation der wichtigsten Ergebnisse erfolgt in Anlehnung an Gisevius (2008, 45ff.).

Veränderungen der interkulturellen Sensibilität

Die Veränderungen der interkulturellen Sensibilität wurden mit Hilfe des IDI gemessen. Schon vor dem Austauschjahr zeigt sich bei den AFS Schülern eine tolerantere Haltung gegenüber anderen Kulturen als bei der Kontrollgruppe. Am Anfang ihres Austauschjahres findet sich bei den meisten Schülern ein niedriges bis mittleres Stadium der *Minimierung*. Im Verlauf des Austauschjahres steigen die Werte der Schüler an, gehen aber auch sechs bis acht Monate nach dem Austausch nicht über das Minimierungsstadium hinaus. Die Schüler der Kontrollgruppe befanden sich durchschnittlich stärker in Stadien des Ethnozentrismus.

Abbildung 3 gibt einen Überblick über die interkulturelle Sensibilität der Teilnehmer und der Kontrollgruppe, aufgegliedert nach den Entwicklungsstadien, im Pretest und im Post-Posttest:

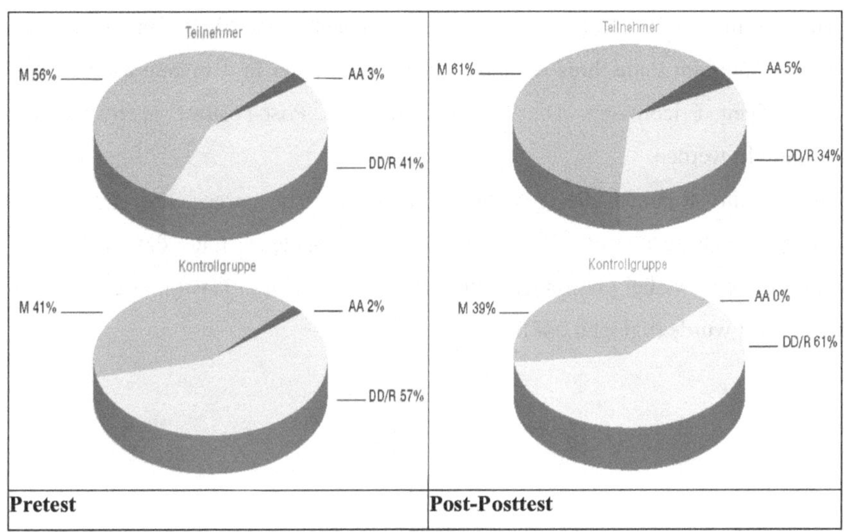

Abbildung 3: Interkulturelle Sensibilität bei Teilnehmern und Kontrollgruppe im Pretest und Post-Posttest nach Entwicklungsstufen

Quelle: AFS interkulturelle Begegnungen e.V., 2005, 14ff.

Legende: M- Minimierung; AA- Akzeptanz, Anpassung; DD/R – Leugnen, Abwehr, Umkehrung

Reduzierung von Befangenheit

„Ein weiterer Forschungsschwerpunkt war die Befangenheit im Umgang mit Menschen aus anderen Kulturen. […] Dabei sollten Gefühle von Peinlichkeit oder Unwohlsein erfasst werden, welche die Schüler und die Befragten der Kontrollgruppe spürten, wenn sie mit kulturellen Unterschieden konfrontiert wurden.“ (Gisevius, 2008, 47). Zu Beginn des Austauschjahres fühlten sich sowohl AFS Schüler als auch die Kontrollgruppe im Umgang mit kulturell schwierigen Situationen befangen. Während die Unsicherheit gegenüber fremden

Kulturen in der Kontrollgruppe auf einem gleichen Nivau blieb, fühlten sich die AFS Schüler am Ende ihres Auslandaufenthaltes wohler im Umgang mit kulturell schwierigen Erlebnissen. Dies konnte auch im Post-Posttest nach wie vor festgestellt werden.

Weitere, im Rahmen dieser Arbeit allerdings nicht vorgestellte, Ergebnisse bezogen sich u.a. auf die Fremdsprachenkompetenz und das Leben in Gastfamilien, wobei besonders die Bedeutung eines Gastfamilienwechsels untersucht wurde (vgl. ebd., 48ff.).

4.2 Bayerischer Jugendring – Change your mind

Der Bayerische Jugendring (BJR) bietet Schüleraustauschprogramme an, in deren Rahmen Schüler für zwei bis drei Monate eine Schule im Ausland besuchen. In dieser Zeit wohnen sie bei Gastfamilien. Das Besondere am Programm des Bayerischen Jugendrings ist, dass es auf Wechselseitigkeit ausgerichtet ist, d.h. es werden etwa gleichaltrige Austauschpaare zusammengestellt, die den jeweils anderen besuchen, bei den Eltern wohnen und gemeinsam die Schule besuchen (vgl. Bayerischer Jugendring (Hrsg.), 2004, 7). Gemäß der im Kapitel 3.1. wiedergegebenen Einteilung der verschiedenen Schüleraustauschformen liegt hier also ein Kurzzeitprogramm vor, welches durch eine Organisation zustande kommt und auf privater Basis stattfindet.

Eine erste wissenschaftliche Untersuchung des vom BJR angebotenen Schüleraustauschprogramms erfolgte 2001 im Rahmen einer Evaluation. Damals wurden Austauschschüler an mehreren Zeitpunkten ihrer Teilnahme am Programm befragt. Um bessere Schlüsse ziehen zu können, wurde ihnen eine Kontrollgruppe aus Schülern gegenüberstellt, die nicht am Austauschprogramm teilnahmen (vgl. ebd.). Die Studie brachte u.a. wichtige Erkenntnisse zur Soziodemografie der Austauschschüler (beispielsweise besucht der Großteil der Austauschschüler Gymnasien) und zu positiven Veränderungen nach der Austauschteilnahme hervor (vgl. ebd., 7ff.). Sowohl die ehemaligen Teilnehmer als auch deren Eltern hatten die Vermutung, dass die beobachteten Wirkungen länger anhalten werden. Des Weiteren „[...] gibt es theoretische Annahmen, dass durch eine Austauschteilnahme Veränderungen angestoßen werden können, die sich erst Monate oder Jahre später bemerkbar machen.“ (ebd., 9). Durch die erste Studie konnte dies allerdings aufgrund der kurzen Zeitspanne der Befragung nicht nachgewiesen werden. Um diese offen gebliebenen Fragen zu beantworten, wurde 2004 eine weitere Untersuchung vom BJR in Auftrag gegeben, die im Folgenden vorgestellt wird.

Ziele der Untersuchung

In der zweiten Evaluationsstudie 2004 sollte aufgezeigt werden, welchen nachhaltigen Nutzen das Schüleraustauschprogramm vom BJR in Form von Langzeiteffekten hat. „Dabei sollte die Frage beantwortet werden, ob und inwieweit der Schüleraustausch Wirkungen hat, die über die Erhöhung der Sprachkompetenz durch den dreimonatigen Auslandsaufenthalt hinausgehen und sich noch Jahre nach der Austauschteilnahme aufzeigen lassen." (Bayerischer Jugendring (Hrsg.), 2004, 10).

Gemäß der eingangs in Kapitel 3.3 vorgestellten Einteilung der bisher erschienenen Forschungsarbeiten liegt hier demnach eine resultatorientierte Untersuchung über die Langzeitwirkungen eines Kurzzeitprogramms für Einzelpersonen vor.

Fragestellungen der Untersuchung

Folgende Fragen waren leitgebend für die Untersuchung (ebd., 9):

- „Wurde das Austauschland erneut besucht, gegebenenfalls länger oder mehrmalig?
- Wie stark sind die während des Austausches gemachten Sozialkontakte noch präsent? Das heißt, wie regelmäßig wird bzw. wurde Kontakt gehalten mit den damals relevanten Bezugspersonen im Ausland?
- Wäre es – im Sinne der Nachhaltigkeit des Austauschs – sinnvoll, wenn die Austauschveranstalter eine Kontakt-Plattform für ehemalige Austauschschüler schaffen?

- Lassen sich durch die Austauscherfahrung – langfristig gesehen – berufliche oder private Vorteile ausmachen?
- Gibt es berufliche und/ oder private Entscheidungen, die so unmittelbar der Austauscherfahrung zugeschrieben werden können, dass die ohne die Austauschteilnahme aller Wahrscheinlichkeit nach nicht getroffen worden wären?
- Stellt – aus heutiger Sicht – der Gegenbesuch eine Lernsituation für die Austauschpartner dar?
- Gibt es Veränderungen in der Persönlichkeit, die direkt mit der Austauscherfahrung in Verbindung gebracht werden, auch wenn sie womöglich erst einige Zeit (Monate/ Jahre) nach der Austauschteilnahme bemerkt wurden?
- Welcher Stellenwert wird der Teilnahme am Austausch im Vergleich mit anderen Ausbildungsabschnitten und beruflichen Erfahrungen im Nachhinein beigemessen?“

Methodik

Die aufgeworfenen Fragestellungen sollten mit Hilfe einer einmaligen schriftlichen Befragung ehemaliger Teilnehmer am Austauschprogramm des BJR zwischen Deutschland (Bayern) und Australien (Victoria) beantwortet werden. Es fand also eine quantitative Erhebung statt. Zurate gezogen wurde dabei ein „[...] standardisierter Fragebogen [...]“. Allerdings wird dieser nicht abgebildet[5]. Es wird nur angegeben, dass hauptsächlich geschlossene Fragen gestellt wurden, mit Ausnahme einer offenen Frage. Zur besseren Verständlichkeit wurde der Fragebogen in Deutsch und Englisch verfasst und die Befragung der australischen Teil-

5 Lediglich im Zuge der Auswertung geben Fußnoten kleine Einblicke in die gestellten Fragen, allerdings erfolgt dies nicht bei jedem Ergebnis und keinesfalls detailliert, sondern nur hinweisartig (vgl. ebd., 58).

nehmer durch die australische Partnerorganisation durchgeführt. Um die Motivation, an der Befragung teilzunehmen, zu erhöhen, wurde auf einen möglichst geringen Fragebogenumfang geachtet und weiterhin ein Flyer mit den Ergebnissen aus der ersten Evaluation angefügt.
Die Auswertung der Fragebögen erfolgte mit SPSS (vgl. Bayerischer Jugendring (Hrsg.), 2004, 10), dabei wurden zumeist Kennwerte der deskriptiven Statistik (z.B. Mittelwerte und Korrelationen) berechnet. Multivariate Verfahren werden nicht beschrieben, ob diese also nicht angewandt wurden, lässt sich allerdings anhand der Beschreibung der Methodik nicht zweifelsfrei feststellen.

Wahl der Stichprobe und Stichprobenbeschaffenheit

Befragt wurden ehemalige deutsche[6] und australische Teilnehmer der Jahrgänge 1988/89 bis 1997/98. Die Auswahl dieser erfolgte mittels „Expertenauswahl", was genau darunter zu verstehen ist, wird nicht deutlich (vgl. ebd., 11). Die Austauschteilnahme beim jüngsten befragten Jahrgang lag demnach sechs Jahre zurück, sodass der nötige Abstand zwischen Austauscherfahrung und Befragung durchaus gegeben war. Tabelle 2 zeigt weitere Details zur Stichprobe:

6 Befragt wurden in Deutschland programmbedingt nur Personen aus Bayern, in Australien nur Personen aus Victoria. Trotzdem werden im weiteren Verlauf dieser Arbeit die Ländernamen vorgezogen, nicht die Regionen.

		versandte Fragebögen		zurückerhaltene Fragebögen	
Austauschland	**Geschlecht**	**absolut**	**Prozent**	**absolut**	**Prozent**
Deutschland	weiblich	302	68,3	173	66,0
	männlich	140	31,7	89	44,0
	insgesamt	**442**	**100,0**	**262**	**100,0**
Australien	weiblich	208	68,9	53	67,1
	männlich	94	31,1	36	32,9
	insgesamt	**302**	**100,0**	**79**	**100,0**

Tabelle 2: Verteilung der Geschlechter auf die versandten und zurückerhaltenen Fragebögen

Quelle: Bayerischer Jugendring (Hrsg.), 2004, 16

Wie aus Tabelle 2 ersichtlich wird, war der Anteil der weiblichen Befragten höher als der der männlichen. Eine bessere Rücklaufquote ergab sich in Deutschland (59,3 Prozent). In Australien dagegen belief sie sich auf nur 26,2 Prozent. Für Deutschland ist eine fast gleichmäßige Verteilung der Antworten über die verschiedenen Jahrgänge gegeben, bei Australien ergab sich allerdings ein Problem: Versehentlich wurde der Jahrgang 1997/98 nicht befragt, was allerdings erst während der Dateneingabe bemerkt wurde. Aufgrund des engen Zeitrahmens der Studie wurde dieser Fehler nicht mehr behoben, sodass dieser Jahrgang bei Australien komplett fehlt. Die Geburtenjahrgänge der Befragten umfassen die Zeitspanne von 1971 bis 1984.

Ergebnisse

Die Präsentation der Ergebnisse erfolgt in Anlehnung an die leitgebenden Fragestellungen der Untersuchung und ist daher für den Leser gut nachvollziehbar. Allerdings wird – wie auch schon an den aufgeworfenen Fragestellungen deutlich wird – keine konkrete Frage nach interkulturellen Lernen aufgeworfen, trotzdem werden die als wichtig erachteten Ergebnisse vorgestellt. „Bei der Darstellung [...] wurden stets die deutschen und australischen Austauschschüler gegenübergestellt sowie die deutschen Befragten zusätzlich nach Geschlecht unterschieden." (Bayerischer Jugendring (Hrsg.), 2004, 84). Die folgende Auflistung der wichtigsten Ergebnisse der Studie soll allerdings allgemeiner gehalten werden, sodass die strikte Trennung nach Land bzw. bei den Deutschen zusätzlich nach Geschlecht nicht immer Erwähnung findet.

Zunächst wurde festgestellt, dass die Austauscherfahrung bei allen ehemaligen Teilnehmern noch geistig präsent ist, d.h. es wird regelmäßig an die damalige Zeit gedacht (dies traf für 90 Prozent der Deutschen und für zwei Drittel der Australier zu) (vgl. ebd., 18). Erstaunlich war, dass dieses Ergebnis für alle Austauschjahrgänge ähnlich war, trotz des großen Abstandes zwischen der Austauscherfahrung und der Befragung bei einigen Teilnehmern. Viele hatten zur Zeit der Umfrage ihr Gastland erneut besucht (45,4 Prozent der Deutschen, 65,4 Prozent der Australier) und auch die sozialen Kontakte von damals spielen nach wie vor eine Rolle im Leben der ehemaligen Austauschschüler (vgl. ebd., 28ff.). Besonders wichtig ist dabei der ehemalige Austauschpartner, mit dem hauptsächlich schriftlich per Brief oder E-Mail Kontakt gehalten wird, aber auch telefonisch. Bei Aufenthalten im Gastland wird auch der Partner besucht. Ebenfalls Kontakt gehalten wird zur damaligen Gastfamilie und zu Freunden aus der Austauschschule, wobei der Kontakt zu diesen über die Jahre abnimmt. Vereinzelt hatten ehemalige Teilnehmer sogar noch Kontakt mit Lehrkräften der Austauschschulen.

Im Bereich der beruflichen Vorteile durch die Austauscherfahrung geben die Befragten vor allem die Leistungssteigerung in der Schule nach dem Austausch an, weiterhin werden Vorteile bei der Arbeits- bzw. Studienplatzvergabe erwähnt (vgl. ebd., 54). Als wichtigster privater Vorteil werden von drei Viertel der Befragten die internationalen Freundschaften angegeben, die im Rahmen der Austauscherfahrung entstanden sind sowie der Kontakt zu Ausländern im Heimatland.
Generell werden die privaten Vorteile von den ehemaligen Teilnehmern als wichtiger eingestuft als die beruflichen (vgl. ebd., 56ff.). Die Austauschteilnahme weckte bei vielen Befragten das Interesse an weiteren Auslandaufenthalten (z.B. Auslandsreisen, Auslandsstudium, Auslandspraktika, etc.), dies wurde als wichtigster Punkt auf die Frage „Wenn ich nicht zum Austausch gefahren wäre, hätte ich Folgendes NICHT getan" angegeben (ebd., 60f.).

Weiterhin wurden persönliche Veränderungen vorgestellt, die sich als Resultat der Austauscherfahrung ergaben (Bayerischer Jugendring (Hrsg.), 2004, 71ff.). Eingeteilt wurden diese in den Einfluss auf die *Selbstwirksamkeit* bzw. *Selbstdezentrierung*.
Bedeutende Ergebnisse im Bereich der Selbstwirksamkeit umfassten u.a. ein gesteigertes Selbstvertrauen, höhere Risikobereitschaft, mehr Durchhaltevermögen, Standfestigkeit der eigenen Meinungen und bessere Krisenbewältigung.
Prozesse einer gestiegenen Selbstdezentrierung ließen sich beispielsweise durch eine positive Sichtweise auf Fremdes nachweisen (vgl. ebd., 75). An dieser Stelle wird auch erstmals auf interkulturelle Lerneffekte eingegangen, allerdings erfolgt dies nicht detailliert, Bezug auf vorhandene theoretische Modelle des interkulturellen Lernens wird nicht genommen, im Prinzip werden nur die Endergebnisse eines interkulturellen Lernprozesses als Ergebnis der Austauschteilnahme angegeben. Wie diese zustande kommen und welche Prozesse ablaufen, wird gar nicht untersucht. So wird z.B. nur erwähnt, dass sich die ehemaligen Teilnehmer nach dem

Austausch als sozial kompatibler empfanden, d.h. sie fühlten sich im Umgang mit Personen aus einem fremdkulturellen Kontext sicherer. Der Großteil der Befragten (88,5 Prozent der Deutschen und 79,4 Prozent der Australier) gab eine „ […] erhöhte interkulturelle Sensibilität gegenüber kulturellen Unterschieden […]“ (ebd.) als Ergebnis der Austauschteilnahme an. Was genau unter interkultureller Sensibilität zu verstehen ist, wird nicht deutlich gemacht.

4.3 Thomas et al. – Erlebnisse, die verändern

Im Rahmen der Untersuchung von Thomas et al. wurden internationale Gruppenbegegnungen mit einer maximalen Dauer von drei Monaten untersucht (vgl. Thomas et al., 2007, 57). Außerdem sollten sich die für die Studie ausgesuchten Programme „[…] hinsichtlich der Kriterien bi- oder multinational, mit Gastfamilienaufenthalt oder Unterbringung in Gemeinschaftsunterkünften, auf Gegenseitigkeit oder einmalige Begegnungen, projektorientiert oder nicht sowie nach dem Kriterium des Begegnungsortes unterscheiden.“ (ebd.). Da nicht alle angebotenen Jugendbegegnungen im Rahmen der Studie untersucht werden konnten, wurden folgende Formate ausgewählt[7]: Binationaler Schüleraustausch mit Unterbringung in Gastfamilien sowie Hin- und Rückbegegnung; binationale Jugendgruppenbegegnungen, ebenfalls mit Hin-und Rückbegegnung; bi- und multinationale projektorientierte Jugendbegegnungen und zuletzt internationale Workcamps mit Teilnehmern aus zwei oder mehreren Nationen (vgl. ebd.). Die Untersuchung basiert auf verschiedenen Theorien, u.a. der Persönlichkeitstheorie von Epstein, der transformativen Lerntheorie von Mezirow und der Kulturstandardtheorie von Thomas. Allerdings soll auf die einzelnen theoretischen Grundlagen der Studie im Rahmen dieser Arbeit nicht näher eingegangen werden (vgl. Thomas et al., 2007, 32-55).

Fragestellungen und Hypothesen

Hauptsächlich beschäftigt sich die Studie mit der Beantwortung der folgenden Frage (ebd., 63): „Haben Kurzzeit-Gruppen-Austauschprogramme ca. zehn Jahre nach der Teilnahme noch Wirkungen, die von den ehemaligen Teilnehmern berichtet werden können? Wenn ja, wie sehen sie diese Wirkungen aus und wie kommen sie zustande?“ Hier liegt also eine resultatorientierte Untersuchung zu

[7] Für detaillierte Beschreibungen der einzelnen Formate vgl. Thomas et al. 2007, 57ff.

den Langzeitwirkungen verschiedenster Kurzzeitprogramme, die in Gruppen stattfinden, vor (vgl. Kapitel 3.3). Zusätzlich werden weitere Fragen aufgeworfen (vgl. ebd., 63f.):

- „Welche Erfahrungs- und Handlungsbereiche der Teilnehmer werden durch die Programmteilnahme eröffnet?
- Welche Langzeitwirkungen lassen sich bei den ehemaligen Teilnehmern auf den Ebenen der Emotion, der Wahrnehmung, des Wissens und Denkens, des Verhaltens, der sozialen Beziehungen und der Normen und Werte feststellen? In welcher Weise vollziehen sich Veränderungen im Denken und Verhalten, die auf Erfahrungen an einem internationalem Austauschprogramm zurückzuführen sind?
- Welche entwicklungspsychologisch relevanten Prozesse der Adoleszenzphase beeinflussen das Fremderleben, dessen Verarbeitung und langfristigen Wirkungen auf die Persönlichkeitsentwicklung?
- Auf welche Weise wurde die Austauschmaßnahme biographisch verarbeitet, besonders im Hinblick auf die Persönlichkeitsentwicklung, den Erwerb sozialer und interkultureller Kompetenz, auf berufliches und außerberufliches Engagement?
- Werden langfristige Wirkungen von Jugendaustauschmaßnahmen von männlichen und weiblichen Teilnehmern unterschiedlich erlebt? Welche Merkmale und Besonderheiten weisen die genderabhängigen Wirkungen auf und wie lassen sie sich erklären? Wie unterscheiden sich weibliche und männliche Teilnehmer hinsichtlich der einzelnen Zielsetzungen des Forschungsprojekts?
- Welche Unterschiede sind mit Blick auf verschiedene Programmformate zu beobachten?

- Werden langfristige Wirkungen einer internationalen Jugendaustauschmaßnahme von deutschen Teilnehmern anders erlebt als von Teilnehmern aus anderen Ländern? Welche Merkmale und Besonderheiten weisen die kulturabhängigen, langfristigen Wirkungen bei den einzelnen Teilnehmer-Gruppen auf und wie lassen sich diese erklären?“

Des Weiteren wurden vor Durchführung der Studie neun Hypothesen gebildet (vgl. Thomas et al., 2007, 65f.), die auf Ergebnissen vorheriger Untersuchungen und theoretischen Annahmen aufbauten, allerdings sollen diese im Rahmen dieser Arbeit nicht wiedergegeben werden.

Methodik

Bei der Umsetzung des Projekts wurde ein „[...] mehrstufiger und multimethodischer Forschungsansatz [...]“ angewandt (Thomas/Abt/Chang, 2006, 44). So wurde zunächst wissenschaftliche Literatur zum Thema aus verschiedenen Fachbereichen gesucht und analysiert sowie eine Dokumentenanalyse (d.h. Sichtung der Unterlagen, die die einzelnen Veranstalter der Jugendbegegnungen über ihre Programme führten, z.B. Teilnehmerakten) durchgeführt. Darauf folgten Interviews, wobei zunächst Experten[8] befragt worden und anschließend ehemalige Teilnehmer an verschiedenen Jugendbegegnungsprogrammen. Durch diese ersten Schritte sollte ein Zugang zum Thema erreicht und besonders durch die Interviews mit ehemaligen Teilnehmern erste Erkenntnisse zu Langzeitwirkungen gewonnen werden, die für die anschließende Fragebogenuntersuchung hilfreich sein konnten (vgl. Thomas et al., 2007, 69ff.).

Die Auswertung der Interviews erfolgte „[...] mittels qualitativer Inhaltsanalyse (Mayring 2003) mit Hilfe der Software MAXqda (Kuckartz 2005)“ (ebd. 76). Die

8 „Unter Experten wurden Personen verstanden, die langjährige Erfahrungen mit der Konzeption, Durchführung, Betreuung und Auswertung von internationalen Jugendbegegnungen haben.“ (Thomas et al., 2007, 70).

Daten aus der Fragebogenuntersuchung wurden mit SPSS ausgewertet (vgl. ebd., 86). Neben der Berechnung von Kennwerten aus der deskriptiven Statistik wurden auch multiple Regressionsanalysen durchgeführt (vgl. ebd., 87).

Wahl der Stichprobe und Stichprobenbeschaffenheit

Um mögliche Befragungsteilnehmer zu finden, erfolgte zunächst die Sichtung von bei den Trägerorganisationen verfügbaren Adressen der ehemaligen Teilnehmer, wobei diese dann nach Teilnehmerjahrgang geprüft wurden. Konnten ehemalige Teilnehmer erreicht werden, wurden sie über das Projekt informiert und ihre Bereitschaft zur Teilnahme erfragt. Bei Einverständnis zur Teilnahme leitete man die Daten an das Forscherteam weiter (vgl. ebd., 68f.). Bei der von Anfang November bis Mitte Dezember 2004 stattfindenden schriftlichen Befragung wurden 860 Fragebögen per Post oder E-Mail an ehemalige Teilnehmer der ausgewählten Jugendbegegnungsformate gesendet. Davon lagen nach Ende des Befragungszeitraums 589 vor, sodass sich eine Rücklaufquote von 66 Prozent ergibt. Allerdings schlossen die Forscher 57 Fragebogen aus verschiedenen Gründen (z.B. weniger als sechs Jahre seit der Austauschteilnahme) von der Auswertung aus (vgl. ebd., 2007, 83).

Insgesamt lagen also 532 Fragebögen zur Auswertung vor. 65,6 Prozent der Befragten waren Frauen. Das Durchschnittsalter zum Zeitpunkt der Untersuchung betrug 30 Jahre, zum Zeitpunkt der Austauschteilnahme lag es bei 17 Jahren. Die ausgewählten Programme hatten eine durchschnittliche Dauer von drei Wochen. Bei über 90 Prozent der Befragten lag die Austauschteilnahme mindestens zehn Jahre zurück (vgl. ebd., 82). Weitere soziodemografische Angaben zur Stichprobe betreffen die schulische Bildung, den Ausbildungsabschluss, die berufliche Tätigkeit sowie die Herkunft bzw. der Wohnsitz der Befragungsteilnehmer (vgl. ebd., 84f.).

Ergebnisse

Aus der Untersuchung von Thomas et al. ergab sich eine umfangreiche Fülle an Ergebnissen aus den qualitativen Interviews und der Fragebogenuntersuchung (vgl. Thomas et al., 2007, 84f.). Da allerdings der Rahmen dieser Arbeit beschränkt ist, soll nicht auf alle Ergebnisse näher eingegangen werden, weshalb der Großteil der Ergebnisse nur kurz genannt wird, während Ergebnisse, die sich auf die Fragestellung des interkulturellen Lernens beziehen, näher dargestellt werden.

Zunächst werden bei der Ergebnispräsentation die Fragebogendaten für die Gesamtstichprobe analysiert, wobei die Punkte soziodemografische Ergebnisse, Aspekte der Teilnahme am Austauschprogramm (z.B. Motivation zur Teilnahme), Teilnahmemodalitäten und Programmbeschreibung sowie Beurteilung des Programms und seiner Komponenten vorgestellt werden (vgl. ebd., 92-103). Darauf folgt eine Auswertung der qualitativen Interviews mit ehemaligen Teilnehmern nach der Fragestellung: „Lassen sich Langzeitwirkungen auf spezifische Erlebnisse, Beobachtungen oder Interaktionen im Austausch zurückführen?“ (ebd., 103). Mittels einer inhaltsanalytischen Analyse werden so genannte „Auslöser“[9] aus den Interviewdaten ermittelt, z.B. *erlebte Unterschiede*.

Ein weiteres wichtiges Ergebnis aus der qualitativen Inhaltsanalyse der Interviews ist die Bildung von elf Kategorien von Langzeitwirkungen (vgl. ebd., 111ff.): Selbstbezogene Eigenschaften und Kompetenzen; Offenheit, Flexibilität, Gelassenheit; Selbsterkenntnis; Soziale Kompetenz; Interkulturelles Lernen; Kulturelle Identität; Beziehungen zum Gastland/ zu anderen Kulturen; Aufbauende Aktivitäten; Einfluss auf die berufliche Entwicklung; Fremdsprache und nicht-intendierte

[9] „Unter Auslösern werden Situationen verstanden, die überraschend und/ oder unerwartet waren und so als Diskrepanzerlebnis gewertet werden können sowie Situationen, die stark emotional besetzt waren, so dass sie den Befragten bis heute in Erinnerung geblieben sind.“ (ebd., 103). Alle Auslöser vgl. ebd., 103ff.

Wirkungen. Diese elf Kategorien wurden auch in der schriftlichen Befragung mittels verschiedener Skalen untersucht (vgl. ebd., 114).

In diesem Band sollen wie bereits erwähnt nur die Ergebnisse für die Kategorien Interkulturelles Lernen und Kulturelle Identität näher vorgestellt werden. Die Kategorie Interkulturelles Lernen

> „[…] schließt folgende Wirkungsbereiche ein: die Perspektive eines anderen übernehmen zu können, sich dessen bewusst zu sein, dass es Unterschiede zwischen Kulturen gibt und vertieftes Wissen über Eigen- und Fremdkultur zu gewinnen." (Thomas et al., 2007, 112).

62 Prozent der Teilnehmer an der Fragebogenuntersuchung bejahen, dass die Austauscherfahrung

> „[…] eine bis heute andauernde Wirkung im Bereich Interkulturelles Lernen aufweist. Sowohl der Wissenserwerb über fremde Kulturen, die interkulturelle Sensibilisierung als auch die Interpretationsfähigkeit des fremdkulturellen Verhalten wurden durch den Austausch gefördert." (ebd., 119).

Die Langzeitwirkung kulturelle Identität ist definiert als

> „Förderung der kulturellen Identitätsentwicklung durch Bewusstwerden der eigenen kulturellen Prägung und einer Auseinandersetzung mit dem eigenen Deutsch-Sein und dessen Vor- und Nachteilen stehen hier im Mittelpunkt." (ebd., 113).

Aber es gaben lediglich 28 Prozent der Befragten an, dass ihre kulturelle Identität durch den Jugendaustausch beeinflusst wurde. Allerdings lag die Zustimmung zum zu dieser Langzeitwirkung gehörenden Item „Bewusstheit der eigenen kulturelle Prägung" deutlich höher, bei 51 Prozent.

> „Der Austausch führt dazu, dass der Teilnehmer sich der eigenkulturellen Identität bewusst wird und zudem die kulturellen Besonderheiten und identitätsstiftenden Merkmale der Gastlandbewohner entdeckt." (ebd., 120).

Trotz dieser für die Herausbildung interkultureller Kompetenz positiven Entwicklung wurden eigenkulturelle Schwächen, die sich z.B. aus der Geschichte Deutschlands ergeben, nach dem Austausch nicht positiver bewertet (63 Prozent der Befragten stimmten dem Item „Die Austauscherfahrung hat dazu beigetragen, dass ich besser dazu stehen kann, aus Deutschland zu kommen." nicht zu.) (ebd., 120).

Auf die gleiche Art und Weise wie für die Gesamtstichprobe erfolgt eine Analyse der Fragebogen- und Interviewdaten für die verschiedenen untersuchten Programmtypen (vgl. ebd., 141ff.), wobei der Fokus in dieser Arbeit wieder auf den Ergebnissen zu den Langzeitwirkungskategorien Interkulturelles Lernen und Kulturelle Identität liegen soll. Für die Kategorie des Interkulturellen Lernens zeigte sich, dass besonders die Teilnehmer am Schüleraustausch einer Wirkung in dieser Kategorie zustimmten. Dies erklärt sich u.a. durch die Programmgestaltung, beispielsweise durch den Gastfamilienaufenthalt, durch den ein enger Kontakt zu Gastlandbewohnern ermöglicht wird (vgl. ebd., 157). Bei Teilnehmern an internationalen Jugendgruppenbegegnungen war in dieser Kategorie der Wissenserwerb über fremde Kulturen im Vergleich zur Gesamtstichprobe sehr hoch (vgl. ebd., 176). Die Langzeitwirkung der kulturellen Identität wurde, verglichen mit der Gesamtstichprobe, besonders bei den internationalen Jugendgruppenbegegnungen gefördert (vgl. ebd., 177).

Für alle untersuchten Programme und insbesondere für den Schüleraustausch zeigte sich, dass zwar die Wertschätzung der Fremdkultur stieg, allerdings stand dieser Entwicklung immer kein oder nur ein geringer Zugewinn in der Wertschätzung der eigenen Kultur gegenüber (vgl. ebd., 158). Thomas et al. vermuten die ähnlichen Interessen im Jugendalter als Ursache dafür, d.h. kulturelle Unterschiede werden eventuell nicht so stark wahrgenommen, weil die Jugendlichen ähnliche Interessen aufweisen (z.B. Musik) bzw. sie ähnliche Themen beschäftigen (z.B.

Ablösung von den Eltern), sodass „[...] diese Erfahrung des Ähnlich-Seins [...] die Ausdifferenzierung der kulturellen Identität" überdeckt (ebd., 158).

Im Anschluss an die programmspezifische Auswertung erfolgt die Präsentation der Erkenntnisse aus den Interviews mit ausländischen Teilnehmern (vgl. ebd.), allerdings sollen diese im Rahmen dieser Studie nicht vorgestellt werden.

Im weiteren Verlauf der Ergebnispräsentation werden die elf ermittelten Kategorien von Langzeitwirkungen mittels einer Regressionsanalyse zu drei Faktoren zusammengefasst (vgl. Tabelle 3):

Faktorenbezeichnung	**Langzeitwirkungsbereiche**	**Ladungen**	**% der Varianz (nach Rotation)**
Selbstbezogene, bereichsübergreifende Eigenschaften und Kompetenzen	- Selbstbezogene Eigenschaften und Kompetenzen - Offenheit, Flexibilität, Gelassenheit - Selbsterkenntnis - Soziale Kompetenz	.836 .783 .725 .623	27,3 %
Interkulturelle Kompetenz	- Interkulturelles Lernen - Beziehungen zur Gastkultur/ anderen Kulturen - Kulturelle Identität	.878 .663 .568	23,0 %
Bereichsspezifische, handlungsorientierte Kompetenzen und Aktivitäten	- Aufbauende Aktivitäten - Fremdsprachen - Berufliche Entwicklung	.759 .759 .421	17,5 %

Tabelle 3: Faktoren, die den Langzeitwirkungsbereichen zugrunde liegen

Quelle: Thomas et al., 2007, 134

Für die einzelnen Faktoren wurden anschließend Regressionsmodelle entwickelt (vgl. Thomas et al., 2007, 134ff.), die aber aufgrund des begrenzten Rahmens dieser Studie nicht beschrieben werden.

Neben den wichtigen Erkenntnissen zu den Langzeitwirkungen ermitteln Thomas et al. verschiedene Modelle, eine Austauscherfahrung zu verarbeiten und in den weiteren Lebensweg zu integrieren. Dabei entstehen vier Typen, die sie als „Typen biographischer Verarbeitung der Austauscherfahrung" bezeichnen (ebd., 129f.):

- **Mosaik-Effekt**: Beschreibt, „[...] dass sich die Austauscherfahrung wie ein Mosaikstein in die Gesamtbiographie als ein Ereignis unter vielen einfügt" (ebd., 130). Das Austauscherlebnis gehört für die Befragten zu ihrem Leben dazu, es stellt einen Beitrag zum Lebensweg dar.
- **Domino-Effekt**: Der Austausch wird als ein „[...] Anstoß für eine Kette aufbauender Ereignisse und Aktivitäten" gesehen (ebd., 131). Er wirkt wie ein Impulsgeber auf das weitere Leben.
- **Nice-to-have**: Das Austauscherlebnis stellt eine schöne Zeit im Leben der Teilnehmer dar, eine wertvolle Erfahrung, die allerdings nicht stark prägend für den weiteren Lebensweg war.
- **Wendepunkt**: Durch den Austausch kam es zu einer drastischen Veränderung im biographischen Verlauf, es wurde eine neue Richtung eingeschlagen bzw. ein anderes Leben begonnen.

In der Befragung trat am häufigsten der Mosaik-Effekt auf, gefolgt vom Domino-Effekt. Jedoch liegen die verschiedenen Typen biografischer Verarbeitung meist in einer Mischform vor oder die Effekte bauen aufeinander auf. Auffallend war, „[...] dass es keinen negativ bewerteten biographischen Verlauf gab" (ebd., 132), d.h. durch die Austauscherfahrung gab es nie negative Entwicklungen oder Verschlechterungen in spezifischen Lebensbereichen.

4.4 Bachner & Zeutschel – Students of Four Decades

Die von Bachner und Zeutschel durchgeführte Forschung beschäftigt sich mit den Wirkungen und Effekten eines Austauschprogrammes, welches durch die in den USA 1951 gegründete Organisation „Youth for Understanding“[10] organisiert wird und in dessen Rahmen Schüler für ein Schuljahr ins Ausland gehen und dort bei einer Gastfamilie wohnen. Hierbei wurden nur die Länder Deutschland und die USA betrachtet, d.h. deutsche Schüler, die nach Amerika gingen und amerikanische Schüler, die nach Deutschland kamen. Eine Zusammenarbeit zwischen den beiden Ländern war über den gesamten Zeitraum der Studie gegeben.
Damit lassen sich die in dieser Studie untersuchten Jugendauslandsaufenthalte in den Bereich des Schüleraustauschs einordnen, der mit Hilfe einer Organisation zustande kommt und auf privater Basis stattfindet (vgl. Kapitel 3.1, Erläuterungen zum Schüleraustausch).
Der Name der Studie „Students of Four Decades“ bezieht sich auf die Jahre, in denen die befragten Personen am Austauschprogramm teilnahmen (1951-1987). Die Zeitspanne der Studie reicht von 1988 bis 2002 (vgl. Bachner/Zeutschel, 2009, 13).

Ziele der Untersuchung

Bachner und Zeutschel nennen vier wesentliche Ziele, die sie mit ihrer Untersuchung verfolgen (vgl. ebd., 2009, 13):

- „Verständnis über die Langzeiteffekte von deutsch-amerikanischen Jugendaustauschprogrammen verbessern, indem man über die generelle Annahme hinausgeht, dass solche Programme ‚einfach positive Wirkungen haben‘

---

10 Seit 1957 ist diese Organisation auch in Deutschland unter dem Namen „Deutsches Youth for Understanding Komitee e.V.“ ansässig.

- Bereiche und Wege identifizieren, in denen Rückkehrer ihre während des Austauschs gewonnenen Erkenntnisse tatsächlich nutzen, indem sie z.B. an Aktivitäten teilnehmen, die die deutsch-amerikanische Freundschaft verstärken; weiterhin Wege ergründen, durch die dieser Nutzen gefördert/ gepflegt wird
- Erhöhung des Bewusstseins über Nutzen und Möglichkeiten von Austauschprogrammen in Bezug auf den Bildungs-, Regierungs- und öffentlichen Sektor beider Länder, indem spezifische Effekte auf die Ausbildungs- und Berufsentwicklung aufgezeigt werden
- Fortschrittlichere Theorie- und Forschungsmodelle in Bezug auf den Jugendaustausch entwickeln, dem traditionell weniger Aufmerksamkeit zuteilwurde wie dem Studentenaustausch“

Gemäß der im Kapitel 3.3 wiedergegebenen Einteilung der bisherigen Studien fällt die Untersuchung von Bachner und Zeutschel also in den Bereich der resultatorientierten Arbeiten zu Langzeitwirkungen von längeren Austauschprogrammen für Einzelpersonen.

Aufbau der Untersuchung

Wie in Abbildung 4 dargestellt wird, gliedert sich die Untersuchung von Bachner und Zeutschel in zwei Einzelstudien:

Abbildung 4: Aufbau der "Students of Four Decades" Studie

Quelle: online verfügbar unter: http://www2.transfer-ev.de/uploads/ija_wirkungsforschung_i_bt_2010_09.pdf (Zugriff: 28.04.2011)

Den ersten Teil der Untersuchung bildet die sogenannte „Original Study", die Ende der 80er Jahre durchgeführt wurde. Diese soll zunächst näher betrachtet werden.

Original Study (1988-1990)

Fragestellungen

Um die in der Literatur generell vertretene Annahme, dass sich Austauschschüler als Resultat ihres Auslandaufenthaltes verändern, näher zu untersuchen, wurden für den ersten Teil der Untersuchung folgende Fragestellungen aufgeworfen (Bachner/Zeutschel, 2009, 29):

- „Was bedeutet ‚Veränderung' für die ehemaligen Teilnehmer und wie differenzieren sie sie in Bezug auf ihre Persönlichkeit, ihre Karrieren, ihrem Status in der Gesellschaft, etc.?
- Wie bewerten Rückkehrer die von ihnen identifizierten verschiedenen Aspekte der ‚Veränderung' – positiv oder negativ?
- Wie wird diese ‚Veränderung' über längere Zeit durch bestimmte Verhaltensweisen oder Erscheinungsformen beobachtet?
- Wie beurteilen Rückkehrer ihren Beitrag zur ‚Erwartungshaltung' an Austauschprogramme, die sich auf bessere Verständigung, Kooperation und Frieden (zwischen den Nationen, eigene Anmerkung) bezieht?
- Welchen Nutzen hatten die Rückkehrer für die eigene Gesellschaft und welche Implikationen ergeben sich daraus für zukünftige Programmdesigns und Entwicklungsstrategien?
- Wie haben sich von den Rückkehrern beschriebene, sojourn[11]-bezogene Veränderungen und Einflüsse über die Generationen verändert?"

[11] Der Begriff sojourn leitet sich vom Begriff *sojourner* ab, der eine Person beschreibt, die freiwillig in einem fremde Kultur eintritt, allerdings dort nicht sesshaft wird. Während des Aufenthalts finden Akkulturationsprozesse statt (vgl. Berry, 1997, zitiert in Layes, 2005, 127).

Methodik[12]

Für einen ersten Zugang zur Thematik wurden zunächst qualitative Interviews mit ehemaligen Teilnehmern an YFU Programmen zwischen Deutschland und den USA geführt. Dabei wurden je Land 20 Personen befragt und jeweils fünf Personen pro Austauschgeneration (Teilnahme in 50er, 60er, 70er und 80er Jahren).
Die Interviews wurden mit einer qualitativen Inhaltsanalyse ausgewertet. Dabei entstanden elf theoretische Dimensionen, die zum besseren Verständnis von Kernelementen der Austauscherfahrung dienen sollten. Diese werden allerdings erst in der Nachfolgestudie präsentiert. Des Weiteren werden 18 Hypothesen für die folgende Fragebogenuntersuchung gebildet, jedoch werden diese nicht vorgestellt.
Der Fragebogen wurde zum besseren Verständnis in deutscher und englischer Sprache verfasst, Befragungszeitraum war Januar bis Juli 1989.

Die Auswertung der Fragebogendaten erfolgte mit SPSS. Dabei ergaben sich acht Kriterien[13], die zur Bewertung des Erfolgs eines Schüleraustauschs herangezogen werden können (vgl. Bachner/Zeutschel, 2009, 41f.):

- Individuelle Veränderungen: selbst wahrgenommene Veränderungen persönlicher Einstellungen, Verhaltensweisen und Fähigkeiten durch die Austauscherfahrung
- Deutsch-Amerikanische Perspektive und Engagement (Bilateralismus): Grad, bis zu dem die Orientierung einer Person seit dem Austauschprogramm gastlandspezifisch ist
- Multilaterale Perspektive und Engagement: Grad, bis zu dem die Orientierung einer Person seit dem Austauschprogramm global ausgerichtet ist

12 Vgl. Bachner/ Zeutschel, 2009, 33ff.

13 Eigentlich stellen diese acht Kriterien schon ein Ergebnis der Studie dar, da sie als Wirkungsdimensionen eines Schüleraustauschs gesehen werden können. Da Bachner und Zeutschel die Präsentation der Kriterien bei der Erläuterung der Methodik eingliedern, wird dies auch in dieser Arbeit so beibehalten.

- Austauschbezogene bzw. Internationale Aktivitäten: Grad, bis zu dem jemand an weiteren Austauschprogrammen teilgenommen hat oder anderwärtig in internationale Beziehungen involviert ist
- Wahl des Bildungsweges bzw. Berufswahl, die auf den Austausch zurückgeführt wird: Einfluss, den die Austauscherfahrung auf die persönliche akademische und berufliche Wahl bzw. Karriere hat
- Anwendung (der Austauscherfahrungen, eigene Anmerkung) und Multiplikationswirkung (sogenannte „ripple effects"): Grad, bis zu dem jemand tatsächlich die Resultate des Austauschjahres genutzt hat und auch die Einstellungen, Verhaltensweisen etc. anderer aufgrund der Austauscherfahrung beeinflusst hat
- Evaluation des YFU Programms
- Generelle Einschätzung der Austauscherfahrung: Persönliche Empfindungen über das Programm und der Grad, bis zu dem jemand den Austausch als grundsätzlich nützlich bewertet

Wahl der Stichprobe und Stichprobenbeschaffenheit

Auf die Rekrutierung von Untersuchungsteilnehmern der verschiedenen Kohorten wird hier nicht näher eingegangen. Unter Rückgriff auf – nicht für jeden Jahrgang vollständige – Teilnehmerlisten wurden ehemalige Programmteilnehmer angeschrieben und zur Teilnahme an der Befragung eingeladen. Des Weiteren wurden die Untersuchungsteilnehmer beider Länder gebeten, Freunde oder Bekannte ähnlichen Alters, Bildungshintergrundes und Geschlechts für eine Kontrollgruppe zu benennen, die nicht an einem Austausch teilgenommen hatten (vgl. Bachner/Zeutschel, 2009, 39f.).

Tabelle 4 gibt zusammenfassend einen Überblick über die Stichprobe:

	USA				Deutschland			
Jahr-zehnt	YFU Teil-nehmer	für Stich-probe aus-gewählt	Teil-nehmer Antwor-ten	Peer Antwor-ten	YFU Teil-nehmer	für Stich-probe aus-gewählt	Teil-nehmer Antwor-ten	Peer Antwor-ten
1950er	74	74	43	21	417	79	46	6
1960er	84	84	34	15	1.888	168	75	34
1970er	1.598	213	76	26	4.766	141	114	59
1980er	2.591	179	53	21	6.342	249	218	202
Total	**4.347**	**550**	**208***	**83**	**13.413**	**637**	**453**	**301**

Tabelle 4: Zusammenfassung der Stichprobe der Original Study [14]

Quelle: Bachner/Zeutschel, 2009, 47

Ergebnisse

Die Autoren gliedern ihre Erkenntnisse aus der *Original Study* in Ergebnisse, Schlussfolgerungen und Empfehlungen für zukünftige Projekte (vgl. Bachner/Zeutschel, 2009, 58ff.). Im Rahmen dieser Arbeit soll nur auf jene Ergebnisse und die daraus gezogenen Schlussfolgerungen eingegangen werden, die Rückschlüsse auf Effekte interkulturellen Lernens zulassen.

- Ein Austausch stellt eine multivariate und komplexe Realität dar.

Hierbei ist gemeint, dass Schüleraustausch oft generalisiert wird. Tatsächlich stellt dieser aber eine komplexe Matrix an Aktivitäten und Umständen dar, die eine Differenzierung zwischen Sojournertypen (z.B. Austauschschüler oder Führungskraft), Programmarten und inhaltlichen Faktoren nötig macht. Ein Beispiel für die Generalisierung ist die allgemein vertretene Meinung, dass Austauschprogramme

[14] die eigentliche Spaltensumme ist 206, 2 Teilnehmer gaben an, kein volles Austauschjahr absolviert zu haben, deshalb erscheinen sie nur in der totalen Summe und nicht in den einzelnen Jahrzehnten

positive Effekte haben, die sogenannte „Good Effects Premise“. Diese wurde zwar durch die Studie bestätigt, allerdings zeigte sich dabei, dass es signifikante Unterschiede in der Bewertung der Austauscherfahrung gab, die z.B. abhängig sind vom Profil des Befragten (Nationalität, Geschlecht, Jahrzehnt des Austauschs, Stipendiumstyp, Programmlänge). Entscheidend für alle war die Programmlänge: eine längere Zeitdauer hatte eine positivere Bewertung der Austauscherfahrung als Ganzes zur Folge.

- Signifikante, nachweisbare, positive und andauernde Auswirkungen sind die typischen Ergebnisse eines Schüleraustauschs.

Der Großteil der Befragten gab kognitive Veränderungen, Einstellungsänderungen und andere Verhaltensweisen als Ergebnisse des Austauschjahres an. Die Anwendbarkeit dieser Ergebnisse sowohl für sich persönlich als auch für andere wurde ebenfalls von der Mehrheit der Teilnehmer bestätigt. Die notwendige Differenzierung in der Bewertung der Austauscherfahrung (siehe oben) darf dabei allerdings nicht außer Acht gelassen werden.

- Eine internationale Perspektive ist ein wichtiges Ergebnis eines Schüleraustauschs.

Verminderter Ethnozentrismus oder sogar Internationalismus werden in der Literatur als wichtigste Folge eines Auslandsaufenthaltes angegeben. Die Ergebnisse der Studie bestätigen diese Annahmen. Die Mehrheit der Befragten gab eine tolerantere Einstellung, vermehrten Respekt für andere Nationen, kulturellen Relativismus, etc. als Folgen des Auslandsjahres an.

Zusammenfassend kann festgehalten werden, dass die Forscher ihre eingangs vorgestellten Fragen für die „Original Study“ zumindest teilweise beantworten konnten. Ein zentrales Ergebnis stellen sicherlich die durch die Auswertung des Fragebogens erstellten acht Kriterien zur Bewertung des Erfolgs eines Schüleraustauschs dar (Individuelle Veränderungen, Bilateralismus, etc.). Die ermittelten

Kriterien geben Einblick in die Wirkungsdimensionen eines Schüleraustauschs und sind durchaus für weitere Forschungen in diesem Gebiet von Nutzen. Allerdings bleibt teilweise die Fragestellung, inwieweit die festgestellten Veränderungen über längere Zeit beobachtet werden, unbeantwortet. Es werden zwar Veränderungen vorgestellt und in Kategorien unterteilt, ob sich diese aber im Laufe der Jahre anders darstellten und wie stark der Einfluss der Veränderungen zur Zeit der Studie noch war, wird nicht unbedingt deutlich. Auf interkulturelles Lernen wird nicht detailliert eingegangen.

Die Nachfolge-Studie 2002

14 Jahre nach der „Original Study" wurde eine weitere Untersuchung durchgeführt, allerdings nur mit Deutschen und allein qualitativer Art (vgl. Bachner/Zeutschel, 2009, 81).

Durch in kleinen Gruppen geführte Interviews zielten die Autoren auf ein genaueres Verständnis der bisher gewonnenen Erkenntnisse ab. Von der Durchführung der Interviews in kleinen Gruppen erhofften sie sich tiefergehende Ergebnisse, die durch kollektive Reflexionen des Erlebten zustande kommen sollten (vgl. ebd.).

Methodik und Befragte

Im Dezember 2001 erfolgte die schriftliche Einladung von 19 Personen, die schon in der Original Study qualitativ interviewt wurden waren, und von weiteren elf Personen, die damals an der Fragebogenuntersuchung teilnahmen, zu den Gruppeninterviews. Die Verfügbarkeit der aktuellen Adressen wird dabei u.a. als Auswahlkriterium angegeben (vgl. ebd., 81). 17 der 30 kontaktierten Personen antworteten, drei davon wollten nicht an der Befragung teilnehmen. Somit ergab sich ein Sample von 14 Personen, davon sieben Frauen und sieben Männer. Zwei Personen hatten in den 50er Jahren am Austauschprogramm teilgenommen, vier in den 60er

Jahren, drei in den 70er Jahren und fünf in den 80ern. Sieben der Teilnehmer wurden schon 1988 in der Original Study interviewt. An alle 14 Personen wurden im Februar 2002 zehn Fragen gesendet, die als Leitfaden[15] für das Gruppeninterview dienen sollten. Die vorab geschickten Fragen sollten den Teilnehmern den Diskussionsfokus des Workshops aufzeigen und die persönliche Reflexion erleichtern (vgl. Bachner/Zeutschel, 2009, 81). Im April fanden schließlich zwei Workshops statt mit fünf bzw. sechs Teilnehmern. Zusätzlich fanden drei Einzelinterviews mit einer Dauer von 90-150 Minuten statt, für die Personen, die nicht am Workshop teilnehmen konnten bzw. wollten.

Sowohl die Workshop Sitzungen als auch die Einzelinterviews wurden aufgezeichnet und transkribiert. Außerdem fertigten die Forscher schon während des Workshops und der Interviews Notizen an, die das Sortieren der Antworten nach Frage, Kategorie, Befragten und Zeit erleichtern sollten (vgl. ebd., 83). Da im späteren Verlauf die Ergebnisse anhand von Zitaten aus den Workshops und Interviews präsentiert werden, erfolgt vor der Ergebnispräsentation eine biografische Vorstellung der Befragten, um dem Leser mehr Einblick zu gewähren und das Verständnis der zeitlichen Zusammenhänge etc. zu verstehen (vgl. ebd., 84ff.).

Ergebnisse

Schon bei den ersten qualitativen Interviews der Original Study wurden elf theoretische Dimensionen zum besseren Verständnis der Austauscherfahrung gebildet (vgl. Erläuterung der Methodik der Original Study). Auf diese elf Dimensionen wird nun zurückgegriffen, wobei sie zunächst auf folgende acht Dimensionen reduziert werden (vgl. ebd., 107f.):

[15] Die als Leitfaden dienenden Fragen sollten drei Hauptthemen abdecken: Die Gesamtbewertung bzw. Gesamtzufriedenheit mit dem Austauschjahr; die Bedeutung der Teilnahme am Programm für die einzelnen Personen und den wahrgenommenen Einfluss der Austauscherfahrung (vgl. ebd., 82f.).

- Selbst-Wirksamkeit

Grad, zu welchem die Befragten eine stärkere Reife, mehr Selbstvertrauen und Eigenständigkeit der Austauscherfahrung zuschreiben

- Individualisierung

Umschreibt die von vielen Befragten beschriebene Tatsache, dass sie durch die Austauscherfahrung in ihrer Art, andere zu betrachten, beeinflusst wurden. Personen anderer Nationen werden nicht mehr stereotypisiert oder als Kollektiv betrachtet, sondern gemäß ihrem individuellen Dasein beurteilt, unabhängig von Rasse, Glauben oder Nationalität.

- Verinnerlichte, nicht beobachtbare Wirkungen – Offensichtliche, demonstrierte Wirkungen

Beschreibt – in einfachen Worten – den Unterschied zwischen nach außen getragenen Wirkungen des Austauschprogramms (beispielsweise Anwendung von dort erworbenen Fertigkeiten) und Wirkungen, die für andere nicht offensichtlich sind, aber dennoch im Bezug zur Austauscherfahrung stehen

- Selbstgenutzte Wirkungen der Austauscherfahrung – Für andere nutzbar gemachte Wirkungen.

Die Befragten gaben nicht nur Wirkungen der Austauscherfahrung an, die sie selber nutzen (z.B. Fremdsprachenkompetenz, verbessertes Lernverhalten, etc.), sondern auch Wirkungen, die auf andere Personen einen Einfluss hatten (z.B. Mediationsfähigkeit).

- Spezifischer Nutzen – Genereller Nutzen

Ein Beispiel für den spezifischen Nutzen einer Wirkung des Austauschprogramms sind verbesserte Englischkenntnisse, die einem ehemaligen Teilnehmer zu einer Anstellung verhalfen. Ein Beispiel für generellen Nutzen wäre eine umweltfreundliche Einstellung, die während dem Austauschjahr erworben wurde.

- Linearer Lebensweg – Zyklischer Lebensweg

Durch die Befragung zeigten sich unterschiedliche Formen der Lebensplanung bzw. -entwicklung. Einige der Befragten gaben an, dass ihr Leben in einer klar zu erkennenden Linie verläuft, wiederum andere beschreiben ihren Lebensverlauf mehr als eine Aneinanderreihung von verschiedenen Phasen, mit oder ohne erkennbarem Muster. Dieser zyklische Lebensweg wurde von einem Befragten mit „Das Leben als eine Aneinanderreihung von Projekten" beschrieben.

- Bilaterale Perspektive – Globale Perspektive

Generell wird die Annahme vertreten, dass ein Austauschprogramm zu reduziertem Ethnozentrismus führt. Dies wird durch die Ergebnisse der Studie bestätigt. Es waren bei den Befragten allerdings zwei verschiedene Ausprägungen festzustellen: Zum einen eine Art bilaterale Haltung, d.h. eine verstärkte Konzentration auf deutsch-amerikanische Beziehungen. Zum anderen eine eher globale Einstellung, d.h. ein vermehrtes Interesse an der gesamten Welt.

- Identifikation mit dem (Schüler-) Austausch – Keine Identifikation mit dem (Schüler-) Austausch

Einige der Befragten beschrieben die Austauscherfahrung als einen essentiellen Aspekt ihrer Identität, untrennbar mit ihnen selbst verbunden. Andere betrachteten die Austauscherfahrung als eine zeitlich begrenzte Sache, die als Erfahrung wichtig war, aber nicht als Quelle zur Selbstdefinition genutzt wurde.

Anhand dieser Dimensionen erfolgt im weiteren Verlauf die Präsentation der Ergebnisse (vgl. Bachner/Zeutschel, 2009, 151ff.). Dabei werden zum einen die Motive der Teilnehmer am Austauschprogramm teilzunehmen, vorgestellt. Zum anderen erfolgt die Einschätzung zum Erfolg des Austauschjahres. Beides erfolgt anhand von Zitaten der Teilnehmer aus den Interviews, die mithilfe der Dimensionen in einen Kontext eingeordnet werden. Da aber erneut die Fragestellung des interkulturellen Lernens bei der Präsentation der Ergebnisse nicht im Vordergrund steht, soll für diese Studie die Vorstellung der Dimensionen ausreichen.

4.5 Effekte interkulturellen Lernens

Das Hauptziel der Analyse der vier Forschungsarbeiten war es, zu untersuchen, inwieweit interkulturelles Lernen in Studien über internationalen Jugendaustausch eine Rolle spielt. Dabei konnten folgende Erkenntnisse gewonnen werden: Obwohl – wie eingangs in diesem Kapitel beschrieben - Jugendaustauschprogramme in theoretischen Arbeiten zum Thema als optimale Gelegenheit für interkulturelles Lernen und als wichtige Erfahrungsfelder für Jugendliche eingestuft werden, nimmt interkulturelles Lernen in drei der vorgestellten Studien nicht den Hauptschwerpunkt der Untersuchung ein. So sind die Fragestellungen des Bayerischen Jugendrings, von Bachner und Zeutschel sowie von Thomas et al. allgemeiner gehalten (z.B. „Gibt es Veränderungen in der Persönlichkeit, die direkt mit der Austauscherfahrung in Verbindung gebracht werden […]?" Bayerischer Jugendring (Hrsg.), 2004, 9) und zielen häufig auf berufliche und private Vorteile ab, die durch das Austauschprogramm mutmaßlich erreicht wurden. Dies gilt besonders für die Untersuchung vom BJR und die „Students of Four Decades" Studie. Nur in der Untersuchung von AFS sollte konkret die interkulturelle Entwicklung von Teilnehmern am AFS Programm untersucht werden (vgl. AFS interkulturelle Begegnungen e.V. (Hrsg.), 2005, 4), weshalb diese schon von der Fragestellung her eine Sonderstellung einnimmt und deshalb auch einzeln am Schluss dieses Teilabschnitts betrachtet werden soll, auch weil sie Kurzzeitwirkungen des Programms untersucht, während sich die restlichen Studien mit Langzeitwirkungen beschäftigen.

Obgleich also von den Autoren nicht immer der Begriff „interkulturelles Lernen" verwendet wurde, werden in den Untersuchungen im Rahmen der Ergebnispräsentation dennoch Wirkungen vorgestellt, die sich normalerweise als Ergebnis interkultureller Lernprozesse ergeben. So erkennt beispielsweise der BJR, dass sich ehemalige Teilnehmer im Umgang mit fremdkulturellen Personen sicherer fühlen als vor der Austauschteilnahme und dass sie gegenüber kultureller Differenzen offener und sensibler geworden sind (vgl. Bayerischer Jugendring (Hrsg.), 2004, 75). Bachner und Zeutschel sprechen von einer internationalen Perspektive der ehemaligen Teilnehmer sowie von vermindertem Ethnozentrismus. Die ehemaligen Teilnehmer fühlten sich demnach toleranter gegenüber Fremden, respektierten andere Nationen mehr und zeigten Anzeichen von kulturellen Relativismus als Folgen ihrer Teilnahme am Austauschprogramm (vgl. Bachner/Zeutschel, 2009, 64ff.).

All diese Wirkungen ergeben sich aus einem interkulturellen Lernprozess. Es fehlt also gewissermaßen ein Zusammenhang, da zwar Wirkungen interkultureller Lernprozesse vorgestellt werden, aber kein Bezug zur Begrifflichkeit interkulturellen Lernens an sich hergestellt wird. Dies mutet ein wenig seltsam an, besonders da, wie in Kapitel 1.2. beschrieben, interkulturelles Lernen durchaus definiert ist und die Veränderungen in den verschiedensten Bereichen durch interkulturelles Lernen (z.B. Kognitive oder affektive Veränderungen, vgl. Weidemann, 2004, 42f.) bekannt sind. Somit wäre es sicherlich sinnvoll gewesen, im Rahmen der Ergebnispräsentation zu den bereits vorhandenen theoretischen Grundlagen zu interkulturellem Lernen einen Bogen zu spannen und Bezug darauf zu nehmen.
Der BJR gibt zwar bei den persönlichen Veränderungen durch das Austauschprogramm eine kurze Beschreibung der theoretischen Annahmen, allerdings orientieren sie sich dabei eher in Anlehnung an einen Aufsatz von Thomas[16] an den Begriffen „Selbstdezentrierung“ und „Selbstwirksamkeit“. Dabei werden unter der Steigerung des Faktors „Selbstdezentrierung“ Veränderungen auf der kognitiven, emotionalen und der Verhaltensebene beschrieben, wie sie sich auch aus interkul-

[16] Thomas 1999/ 2000: Welche langfristigen Wirkungen haben internationale Schüleraustauschprogramme? Online verfügbar unter: http://www.ijab.de/fileadmin/user_upload/documents/PDFs/Forschungsaufsaetze/fji_1999_Thomas_Wirkungen_193-209.pdf, Zugriff: 12.04.2011

turellen Lernprozessen ergeben, beispielsweise die „[…] Akzeptanz fremder Standpunkte, Meinungen und Verhaltensweisen“ (Bayerischer Jugendring (Hrsg.), 2004, 73). Sicherlich ist auch eine Verwendung des Terminus „Selbstdezentrierung“ durchaus vertretbar, nur erschiene die Verwendung des Begriffs „interkulturelles Lernen“ in Verbindung mit einem Rückgriff auf vorhandene theoretische Annahmen darüber naheliegender.

Bei Bachner und Zeutschel fehlt der Bezug zu vorhandenen Theorien interkulturellen Lernens vollständig, es bleibt bei der Präsentation der Wirkungen. Lediglich Thomas et al. verwenden in ihrer Ergebnispräsentation den Begriff interkulturelles Lernen und definieren auch, was sie im Rahmen ihrer Untersuchung darunter verstehen:

> „Interkulturelles Lernen schließt folgende Wirkungsbereiche ein: die Perspektive eines anderen übernehmen zu können, sich dessen bewusst zu sein, dass es Unterschiede zwischen Kulturen gibt und vertieftes Wissen über Eigen- und Fremdkultur zu gewinnen.“ (Thomas et al., 2007, 112).

Dies ist eindeutig eine Stärke der Arbeit von Thomas et al.

Für alle der drei vorgestellten Studien zu Langzeitwirkungen von Jugendaustauschprogrammen gilt weiterhin, dass nur die Ergebnisse interkulturellen Lernens eine Rolle spielen, die Betrachtung ist also stets ergebnisorientiert. Der eigentliche Prozess des interkulturellen Lernens wird nicht untersucht.

Wie oben beschrieben, nimmt die Untersuchung von AFS eine Sonderstellung ein, weil sie sich schwerpunktmäßig mit der interkulturellen Entwicklung von AFS Austauschschülern befasst (vgl. AFS interkulturelle Begegnungen e.V. (Hrsg.), 2005, 4) und das Entwicklungsmodell interkultureller Sensibilität von Bennett als Grundlage für die Untersuchung wählt (vgl. ebd., 2), sich damit also eines anerkannten Modells interkulturellen Lernens bedient. Daher war in Bezug auf die

Fragestellung des interkulturellen Lernens die Erwartungshaltung an die AFS Studie vor deren Bearbeitung relativ hoch.
Allerdings wurden diese Erwartungen nicht in vollem Umfang erfüllt. Zwar werden – ähnlich wie bei den anderen Studien – Ergebnisse interkultureller Lernprozesse vorgestellt, die sich im Rahmen der Teilnahme am Austauschprogramm ergaben, beispielsweise die Reduzierung von Befangenheit im Umgang mit anderen Kulturen oder die Veränderungen der interkulturellen Sensibilität. Letztere wird jedoch nur anhand des *Intercultural Development Inventory* gemessen, wobei festgestellt wird, dass sich der Großteil der Schüler anfangs im Stadium der Minimierung nach Bennett befindet und nach dem Austauschjahr die Werte zwar ansteigen, aber nicht über das Stadium der Minimierung hinausgehen (vgl. Gisevius, 2008, 45ff.). Diese Aussage ist allerdings für den Leser so gut wie gar nicht nachvollziehbar, da der IDI an keiner Stelle abgebildet ist und somit kein Einblick gegeben wird, was es genau bedeutet, dass die Werte für das Stadium der Minimierung steigen. Die aufkommende Frage, welche eventuellen Einstellungs- und Verhaltensänderungen der Austauschschüler dies nach sich zieht, wird nicht beantwortet. Daher kann der Leser kaum einschätzen, inwieweit wirklich eine Veränderung der interkulturellen Sensibilität und damit ein interkultureller Lernprozess stattgefunden hat. Es kann lediglich die bessere interkulturelle Sensibilität der Austauschschüler im Vergleich zur Kontrollgruppe nachvollzogen werden (vgl. Kapitel 4.1).

Zusammenfassend lässt sich also festhalten, dass alle vorgestellten Studien die theoretische Annahme der Förderung interkulturellen Lernens durch Jugendaustauschprogramme im Rahmen der Ergebnisvorstellung bestätigen, da alle Untersuchungen – wenn auch auf unterschiedliche Art und Weise – den ehemaligen Teilnehmern an Jugendaustauschprogrammen Ergebnisse interkultureller Lernprozesse nachweisen (z.B. vermehrte Toleranz gegenüber Fremden, weniger Angst vor kultureller Differenz, bessere Handlungsfähigkeit in interkulturellen Situationen, etc.). Allerdings erfolgt dies teilweise ohne Bezug zur Theorie der interkulturellen Austauschforschung und ausschließlich ergebnis-, nicht prozessorientiert.

4.6 Kritische Einschätzung der Studien

Während der Bearbeitung der Untersuchungen konnten gemeinsame Schwächen der Studien festgestellt werden, weshalb an dieser Stelle eine kritische Einschätzung der Forschungsarbeiten vorgestellt werden soll. Diese wird sich an den folgenden, selbst gewählten Kriterien orientieren: Stichprobe, theoretische Fundierung der Arbeiten, Dokumentation und Explikation der Studien und „Auftragsforschung". Das Kriterium „Stichprobe" wurde gewählt, weil diese entscheidend für das Ergebnis einer Untersuchung ist (vgl. Bortz/Döring, 2009, 35), und daher die Stichprobenwahl und die Beschreibung der Stichprobe fehlerfrei und für den Leser gut nachvollziehbar erfolgen sollte. Dies war allerdings nicht bei allen Untersuchungen der Fall. Die „theoretische Fundierung der Arbeiten" bildet ein weiteres Kriterium, weil oft bisherigen Arbeiten der Austauschforschung „Theorielosigkeit" vorgeworfen wurde (vgl. Abt et al., 2006, 31). Daher sollten die vorgestellten Studien näher diesbezüglich betrachtet werden. Die Kriterien „Dokumentation und Explikation der Studie" sowie „Austauschforschung" resultierten aus der Analyse der vier Forschungsarbeiten.

Stichprobe

Für die Bearbeitung des Kriteriums „Stichprobe“ erfolgte die Orientierung an den von Rost aufgeworfenen Fragen (vgl. Rost, 2007, 87).

Für alle vorgestellten Untersuchungen gilt, dass die Stichprobe an sich gut beschrieben wird, indem für das Forschungsproblem relevante Faktoren wie beispielsweise das Jahr der Austauschteilnahme oder die Herkunft der Untersuchungsteilnehmer benannt werden. Allerdings wird für drei der Untersuchungen die Beschreibung der Stichprobenauswahl als mangelhaft angesehen. So spricht man beispielsweise in der Evaluationsstudie des Bayerischen Jugendrings von einer „Expertenauswahl“ (Bayerischer Jugendring (Hrsg.), 2004, 11), mit deren Hilfe die Grundgesamtheit für die Untersuchung ermittelt wurde. Dabei wird weder deutlich, wer diese „Experten“ waren bzw. nach welchen Verfahren sie handelten.

Des Weiteren fehlt eine Erklärung, wie aus der so ermittelten Grundgesamtheit eine Stichprobe für die Befragung gezogen wurde, da sicherlich nicht alle Teilnehmer der Jahrgänge 1988/89 bis 1997/98 befragt wurden. Die Grundlage der Untersuchung ist also überhaupt nicht deutlich. Ähnlich ist es bei der Untersuchung von AFS, wo lediglich die Auswahl der Kontrollgruppe mittels der „best friend“ Methode beschrieben wird. Wie die eigentliche Stichprobe zustande kam, wird auch hier nicht erläutert, es wird ebenfalls nur der Austauschjahrgang (2002/2003) als befragter Jahrgang angegeben. Ob dies alle Teilnehmer dieses Jahrgangs einschließt oder ob Stichproben gezogen worden, wird an keiner Stelle ersichtlich (vgl. Gisevius, 2008, 40f.).

Bachner und Zeutschel geben an, dass sie das Verfahren der geschichteten Zufallsstichprobe wählten (vgl. Bachner/Zeutschel, 2009, 39), wobei die Schichtung nach den Kriterien Programmtyp, Geschlecht und Stipendiumstyp erfolgte. Es wird allerdings nicht begründet, warum diese Kriterien gewählt worden, obwohl insbesondere das Geschlecht als Schicht bestimmendes Merkmal kritisch betrachtet wird, da es meist willkürlich gewählt ist, ohne für die Forschungsfrage von Bedeutung zu sein (vgl. Rost, 2007, 89). Weiterhin schreiben Bachner und Zeutschel, dass sie aufgrund von Verfügbarkeitsproblemen der Teilnehmerlisten für die Jahre vor 1976 „exhaustive samples" gewählt haben (Bachner/Zeutschel, 2009, 39), was so verstanden wird, dass einfach alle verfügbaren Adressen in die Befragung eingeschlossen wurden. Dies kommt einer Gelegenheitsstichprobe[17] nahe, bei der jedoch das Risiko der Verzerrung als hoch eingestuft wird. Für die Jahre nach 1976 wurde - wie oben beschrieben - das Verfahren der geschichteten Zufallsstichprobe gewählt. Wie die beiden Stichproben dann zu einer Einheit zusammengeführt wurden, beschreiben die Forscher nicht. Für die Interviews der Nachfolgestudie 2002 wurden laut Bachner und Zeutschel Personen ausgewählt, deren Adressen noch verfügbar waren (vgl. Bachner/Zeutschel, 2009, 81).

Im weiteren Verlauf werden allerdings die Biografien der ausgewählten Personen wiedergegeben, dabei ist auffällig, dass alle Personen schon einmal bei YFU tätig waren, beispielweise als Volontär. Deshalb bleibt fraglich, ob wirklich die Adressen der Auswahlgrund waren oder nicht doch die mutmaßlich mit einer Tätigkeit bei YFU verbundene positive Einstellung gegenüber dem Austauschprogramm. Weiterhin ist in den Vorstellungen der Biografien auffällig, dass teilweise Auslandsaufenthalte der interviewten Personen im Rahmen ihres Berufs oder in der Freizeit angegeben werden, die 2003 bzw. 2005 stattfanden (z.B. Biografie von Daniela, siehe Bachner/Zeutschel, 2009, 102). Der Zeitraum der Interviews war aber April 2002, sodass aufgrund der zugefügten Informationen über Auslandsaufenthalte nach dem Interviewzeitraum beim Leser der Eindruck verstärkt wird, dass eventuell „Vorzeigepersonen" ausgewählt wurden.

Thomas et al. beschreiben die Akquisition der für ihre Untersuchung in Frage kommenden Personen ausführlich: Nach Adressrecherche über die Trägerorgani-

[17] „Die Gelegenheitsstichprobe umfasst Individuen, die man nimmt, wie sie gerade verfügbar sind. […] Gelegenheitsstichproben sind praktisch immer verzerrt, und das Ausmaß der Verzerrung ist vermutlich beachtlich, dem Forscher aber unbekannt." (Rost, 2007, 91).

sationen wurden die ehemaligen Teilnehmer kontaktiert und zu ihrer Bereitschaft, an der Untersuchung teilzunehmen, befragt. Bei Einwilligung erfolgte schließlich die Weitergabe der Daten an das Forschungsteam (vgl. Thomas et al., 2007, 68f.). Allerdings lässt sich auch hier kritisieren, dass zwar beschrieben wird, welche Daten an das Forscherteam gegeben wurden, aber an keiner Stelle darauf eingegangen wird, ob dann alle Personen, die der Befragung zustimmten, auch in die Studie eingeschlossen wurden, oder ob eventuell noch eine Vorauswahl getroffen wurde.

Theoretische Fundierung der Forschungsarbeiten

Die von Abt et al. bemängelte Theorielosigkeit der Austauschforschung (vgl. Abt et al., 2006, 31) zeigt sich auch bei den in dieser Arbeit vorgestellten Untersuchungen. So werden von Bachner und Zeutschel zwar eingangs bisherige Erkenntnisse über Jugendaustausch und teilweise der aktuelle Forschungsstand zum Jugendaustausch erläutert (vgl. Bachner/Zeutschel, 2009, 19ff.), allerdings wird keine konkrete Theorie genannt, auf der die Untersuchung der beiden Forscher basiert. Ähnlich ist es bei der Untersuchung des Bayerischen Jugendrings, wo zwar kurz auf die Begriffe „Selbstwirksamkeit“ und „Selbstdezentrierung“ eingegangen wird, von einer konkreten theoretischen Fundierung der Forschungsarbeit kann man allerdings nicht sprechen.

Obwohl die Untersuchung von AFS die Verwendung des Bennettschen Entwicklungsmodells interkultureller Sensibilität und des dazugehörigen Messinstruments IDI als methodische Besonderheit für sich beansprucht (vgl. AFS interkulturelle Begegnungen e.V. (Hrsg.), 2005, 2), wird dies aufgrund der fehlenden Abbildung des IDI kritisch betrachtet, da zwar eine theoretische Fundierung da ist, vom Leser aber in großen Teilen nicht nachvollzogen werden kann.

Lediglich Thomas et al. beziehen sich auf konkrete Theorien aus den verschiedensten wissenschaftlichen Disziplinen und haben daher eine sehr gute theoretische Basis für ihre Arbeit geschaffen (vgl. Thomas et al., 2007, 32-55).

Dokumentation und Explikation der Forschungsarbeiten

Bei keiner der untersuchten Arbeiten erfolgt eine komplette Abbildung des verwendeten Fragebogens. Dies kann als Mangel an wissenschaftlicher Transparenz bewertet werden. Gleiches gilt auch für die Tatsache, dass bei der AFS Studie die Beschreibung der Auswertung sowohl der qualitativen als auch der quantitativen Daten fehlt. Auch bei Bachner und Zeutschel finden sich Lücken in der Dokumentation ihrer Untersuchung, beispielsweise geben sie in der Beschreibung der Methodik an, dass 18 Hypothesen gebildet werden (vgl. Bachner/Zeutschel, 2009, 37). Diese werden allerdings nicht vorgestellt. Generell kann an der Explikation der „Students of Four Decades"- Studie kritisiert werden, dass sie teilweise sehr unübersichtlich ist, beispielsweise bekommt der Leser oft nachträglich Informationen zu eigentlich schon abgeschlossenen Kapiteln, was das Verständnis erschwert. Sieht man von der fehlenden Abbildung des Fragebogens ab, wird die Untersuchung von Thomas et al. bezüglich der Dokumentation und Explikation als sehr gut eingeschätzt.

„Auftragsforschung"

Mit diesem Kriterium ist gemeint, dass zumindest bei drei der vorgestellten Forschungsarbeiten oft sehr deutlich wird, dass es sich teilweise um „Auftragsforschung" oder Evaluationen handelt, bei denen Forscher Austauschprogramme untersuchen, die von der Trägerorganisation, die zugleich Auftraggeber ist, angeboten werden. Finanziert werden diese Forschungen dabei oft durch Spenden. So wurde die Untersuchung von AFS Austauschprogrammen von Mitchell Hammer durchgeführt (vgl. AFS interkulturelle Begegnungen e.V., 2005, 4), Bachner und Zeutschel untersuchen YFU Austauschprogramme (vgl. Bachner/Zeutschel, 2009, 13). Der Bayerische Jugendring gibt an, dass die vorgestellte Evaluationsstudie von einem „Forschungsteam" erhoben wurde (vgl. Bayerischer Jugendring (Hrsg.), 2004, 10), nähere Angaben zu den Personen des Forschungsteams werden nicht gemacht.

Neben der sicherlich an erster Stelle stehenden Suche nach wissenschaftlichen Erkenntnissen über die Austauschprogramme haben solche Forschungen aber vor allem auch das Ziel, das angebotene Austauschprogramm in einem möglichst guten Licht erscheinen zu lassen, da die Anbieter ja auch Teil eines aufgrund der vermehrten Nachfrage immer größer werdenden Marktes sind. So sollen diese Studien natürlich auch als eine Art Aushängeschild für die Organisationen fungieren, was beispielsweise schon an Hinweisen zu den Forschungen auf den Websites der Organisationen deutlich wird[18]. Diese marketingähnliche Arbeit der Organisationen ist sicherlich zunächst nicht zu beanstanden. Jedoch wird im Rahmen dieser Studie daran kritisiert, dass das Interesse der Organisationen, sich zu profilieren, in den präsentierten Studien durch einzelne Formulierungen teilweise zu deutlich wird. So werden Formulierungen wie

„AFS hat, wie diese Studie belegt, berechtigten Grund, darauf stolz zu sein, welchen Einfluss das Jahresprogramm auf die Bildung und die Erweiterung der Perspektiven junger Leute hat." (AFS interkulturelle Begegnungen e.V. (Hrsg.), 2005, 33) oder „Der Wert dieses Austauschprogramms kann im Lichte dieser Erkenntnis gar nicht hoch genug angesetzt werden, wenn das Lernfeld ‚dreimonatiger Austausch auf Gegenseitigkeit' ein derartiges Potenzial an Entwicklungsmöglichkei-

[18] Für AFS vgl.: http://www.afs.de/lehrer-und-schule/interkulturelles-lernen.html (Zugriff: 27.04.2011)
Für YFU vgl.: http://www.yfu.de/lehrerzimmer/students (Zugriff: 27.04.2011)

ten für die Persönlichkeit von Jugendlichen […] bereithält.“ (Bayerischer Jugendring (Hrsg.), 2004, 76f.)
gerade in Anbetracht der – in Bezug auf das interkulturelle Lernen eher wenigen – Ergebnisse kritisch betrachtet, weil sie nicht unbedingt für eine angemessene, objektive wissenschaftliche Betrachtung der Untersuchungsergebnisse sprechen und im Widerspruch zum üblichen neutralen wissenschaftlichen Schreibstil stehen.

5 Ausblick

Die Ausführungen dieser Studie zeigen, dass für Jugendliche aktuell vielfältige Möglichkeiten bereitstehen, Zeit im Ausland zu verbringen. Dass sie dabei durchaus die Chance nutzen können, durch die Kontakte mit Gleichaltrigen aus anderen Kulturen die in der heutigen Zeit in erhöhtem Maße geforderte interkulturelle Kompetenz aufzubauen bzw. zu erweitern, zeigten sowohl theoretische Annahmen als auch empirische Arbeiten über internationale Jugendbegegnungen, die hier vorgestellt wurden.

Allerdings konnten im Rahmen der deskriptiven Analyse der vier Forschungsarbeiten einige Schwächen aktueller Studien aufgezeigt werden, unter denen insbesondere der fehlende wissenschaftliche Anspruch einiger Arbeiten durch mangelnde theoretische Fundierung und unklare Beschreibung der Stichprobenwahl als kritisch eingeschätzt wird. Eine weitere Erkenntnis aus der Analyse der Studien ist, dass die Untersuchung von Thomas et al. als eine Art Vorreiter für zukünftige Forschungen betrachtet werden kann und dies nicht nur, weil sie erstmals die Langzeitwirkungen von Gruppen-Kurzzeitprogrammen internationaler Jugendbegegnungen erforschte. Sie zeigte außerdem, „[…] dass eine theoretische Verankerung und ein methodenintegratives Vorgehen möglich und für differenzierte Erkenntnisse wichtig sind.“ (Abt; Chang, 2006, 176).

Für die Zukunft wäre es daher sicherlich wünschenswert, dass die erkannten Schwächen empirischer Untersuchungen über internationale Jugendbegegnungen reduziert werden und ähnliche Arbeiten wie die von Thomas et al. entstehen. In Bezug auf interkulturelles Lernen wären mehr Forschungsarbeiten erstrebenswert, die nicht nur dessen Ergebnisse betrachten, sondern prozessorientierter konzipiert sind, sodass die Entwicklung, die Jugendliche im Rahmen von internationalen Austauschprogrammen durchlaufen, deutlicher wird.

6 Literaturverzeichnis

Abt, Heike/Chang, Celine (2006): Bedeutung der Ergebnisse für Forschung und Praxis. In: Thomas, Alexander/Abt, Heike/Chang, Celine (Hrsg.): Internationale Jugendbegegnungen als Lern- und Entwicklungschance. Erkenntnisse und Empfehlungen aus der Studie "Langzeitwirkungen der Teilnahme an internationalen Jugendaustauschprogrammen auf die Persönlichkeitsentwicklung". Studien zum Forscher-Praktiker-Dialog zur internationalen Jugendbegegnung. Bergisch Gladbach: Thomas-Morus-Akademie Bensberg (4). S. 175–186.

Abt, Heike/Chang, Celine/Friedl, Petra/Heese, Anna/Perl, Daniela (2006): Langzeitwirkungen internationaler Jugendbegegnungen - Ergebnisse einer empirischen Studie. In: Thomas, Alexander/Abt, Heike/Chang, Celine (Hrsg.): Internationale Jugendbegegnungen als Lern- und Entwicklungschance. Erkenntnisse und Empfehlungen aus der Studie "Langzeitwirkungen der Teilnahme an internationalen Jugendaustauschprogrammen auf die Persönlichkeitsentwicklung". Studien zum Forscher-Praktiker-Dialog zur internationalen Jugendbegegnung. Bergisch Gladbach: Thomas-Morus-Akademie Bensberg (4). S. 31–172.

AFS Interkulturelle Begegnungen e.V. (Hrsg.) (2005): Educational Results Study. Online verfügbar unter http://www.afs.de/lehrer-und-schule/interkulturelles-lernen.html. Zugriff: 12.09.2010. oder http://www.afs.de/images/stories/AFS/Downloads/ERS.pdf. Zugriff: 11.1.2012

Auernheimer, Georg (2007): Einführung in die Interkulturelle Pädagogik. 5. Auflage. Darmstadt: Wissenschaftliche Buchgesellschaft.

Bachner, David J./Zeutschel, Ulrich (2009): Students of Four Decades. Participants' Reflections on the Meaning and Impact of an International Homestay Experience. Münster: Waxmann.

Bayerischer Jugendring (Hrsg.) (2004): Change your mind. Langzeiteffekte im internationalen Schüleraustausch. München: Bayrischer Jugendring

Bennett, Milton J. (1993): Towards ethnorelativism: a developmental model of intercultural sensitivity. In: Paige, Michael R. (Hrsg.): Education for the intercultural experience, Yarmouth: Intercultural Press. S. 21-71.

Bortz, Jürgen/Döring, Nicola (2009): Forschungsmethoden und Evaluation für Human- und Sozialwissenschaftler. 4. Auflage. Heidelberg: Springer Medizin Verlag

Gisevius, Annette (2008): Ein Schuljahr im Ausland. Die Educational Results Study des AFS Interkulturelle Begegnungen e.V (Hrsg.). In: Ehrenreich, Susanne/ Woodman, Gill/ Perrefort, Marion (Hrsg.): Auslandsaufenthalte in Schule und Studium. Bestandsaufnahmen aus Forschung und Praxis. Münster: Waxmann. S. 39–56.

Kues, Hermann (2006): Vorwort. In: Thomas, Alexander/Abt, Heike/Chang, Celine (Hrsg.): Internationale Jugendbegegnungen als Lern- und Entwicklungschance. Erkenntnisse und Empfehlungen aus der Studie "Langzeitwirkungen der Teilnahme an internationalen Jugendaustauschprogrammen auf die Persönlichkeitsentwicklung". Studien zum Forscher-Praktiker-Dialog zur internationalen Jugendbegegnung. Bergisch Gladbach: Thomas-Morus-Akademie Bensberg (4). S. Vf.

Layes, Gabriel (2005): Interkulturelles Lernen und Akkulturation. In: Thomas, Alexander/Kinast, Eva-Ulrike/Schroll-Machl, Sylvia (Hrsg.): Handbuch Interkulturelle Kommunikation und Kooperation. 2. Auflage. Göttingen: Vandenhoeck & Ruprecht GmbH & Co. KG (1). S. 126–137.

Nick, Peter (2005): Interkulturelle Nachhaltigkeit – Auswirkungen internationaler Begegnungen auf interkulturelles Lernen. Herausgegeben von Internationaler Jugendaustausch- und Besucherdienst der Bundesrepublik Deutschland (IJAB) e.V. Forum Jugendarbeit International. Online verfügbar unter http://www.ijab.de/downloads/FJI_Aufsaetze/FJI_2004-2005/fji_2005_Nick_Nachhaltigkeit_192-203.pdf. Zugriff: 20.03.2011.

Rost, Detlef H. (2007): Interpretation und Bewertung pädagogisch-psychologischer Studien. Eine Einführung. 2. Auflage. Weinheim/ Basel: Beltz.

Straub, Jürgen/Weidemann, Doris/Weidemann, Arne (Hrsg.) (2007): Handbuch Interkulturelle Kommunikation und Kompetenz: Grundbegriffe - Theorien - Anwendungsfelder. Stuttgart/ Weimar: Metzler.

Thimmel, Andreas (2001): Pädagogik der internationalen Jugendarbeit. Geschichte, Praxis und Konzepte des Interkulturellen Lernens. Schwalbach/Ts.: Wochenschau.

Thimmel, Andreas (2009): Internationale Schülerbegegnungs- und Austauschprojekte und interkulturelles Lernen. In: Leiprecht, Rudolf/Kerber, Anne (Hrsg.): Schule in der Einwanderungsgesellschaft. Ein Handbuch. Schwalbach/Ts.: Wochenschau. S. 346–362.

Thimmel, Andreas/Abt, Heike (2006): Ziele und Programmangebote zur internationalen Jugend- und Schülerbegegnung. In: Thomas, Alexander/Abt, Heike/Chang, Celine (Hrsg.): Internationale Jugendbegegnungen als Lern- und Entwicklungschance. Erkenntnisse und Empfehlungen aus der Studie "Langzeitwirkungen der Teilnahme an internationalen Jugendaustauschprogrammen auf die Persönlichkeitsentwicklung". Studien zum Forscher-Praktiker-Dialog zur internationalen Jugendbegegnung. Bergisch Gladbach: Thomas-Morus-Akademie Bensberg (4). S. 15–30.

Thomas, Alexander (1988): Einleitung. In: Thomas, Alexander (Hrsg.): Interkulturelles Lernen im Schüleraustausch. Saarbrücken/ Fort Lauderdale: breitenbach. S. 7–13.

Thomas, Alexander (1988): Interkulturelles Lernen im Schüleraustausch - Abschlussbericht über eine Beobachtungsstudie. In: Thomas, Alexander (Hrsg.): Interkulturelles Lernen im Schüleraustausch. Saarbrücken/ Fort Lauderdale: breitenbach. S. 17–76.

Thomas, Alexander (1988): Psychologisch-pädagogische Aspekte interkulturellen Lernens im Schüleraustausch. In: Thomas, Alexander (Hrsg.): Interkulturelles

Lernen im Schüleraustausch. Saarbrücken/ Fort Lauderdale: breitenbach. S. 77–100.

Thomas, Alexander (1991): Psychologische Grundlagen interkultureller Kommunikation und interkulturellen Lernens im Zusammenhang mit Jugendaustausch. In: Gogolin, Ingrid/Kroon, Sjaak/Krüger-Potratz, Marianne/Neumann, Ursula/Vallen, Ton (Hrsg.): Kultur- und Sprachenvielfalt in Europa. Münster/ New York: Waxmann. S. 188–202.

Thomas, Alexander (2006): Einleitung. In: Thomas, Alexander/Abt, Heike/Chang, Celine (Hrsg.): Internationale Jugendbegegnungen als Lern- und Entwicklungschance. Erkenntnisse und Empfehlungen aus der Studie "Langzeitwirkungen der Teilnahme an internationalen Jugendaustauschprogrammen auf die Persönlichkeitsentwicklung". Studien zum Forscher-Praktiker-Dialog zur internationalen Jugendbegegnung. Bergisch Gladbach: Thomas-Morus-Akademie Bensberg (4). S. 11–14.

Thomas, Alexander (2007): Jugendaustausch. In: Straub, Jürgen/Weidemann, Doris/Weidemann, Arne (Hrsg.): Handbuch Interkulturelle Kommunikation und Kompetenz: Grundbegriffe - Theorien - Anwendungsfelder. Stuttgart/ Weimar: Metzler. S. 657–667.

Thomas, Alexander/Chang, Celine/Abt, Heike (2007): Erlebnisse, die verändern. Langzeitwirkungen der Teilnahme an internationalen Jugendbewegungen. Göttingen: Vandenhoeck & Ruprecht GmbH & Co. KG.

Thomas, Alexander/Kinast, Eva-Ulrike/Schroll-Machl, Sylvia (Hrsg.) (2005): Handbuch Interkulturelle Kommunikation und Kooperation. 2. Auflage. Göttingen: Vandenhoeck & Ruprecht GmbH & Co. KG (1).

Thomas, Alexander/Perl, Daniela (2010): Chancen, Grenzen und Konsequenzen interkulturellen Lernens im internationalen Schüleraustausch. Herausgegeben von Fachstelle für Internationale Jugendarbeit der Bundesrepublik Deutschland e.V.

Forum Jugendarbeit International. Online verfügbar unter http://www.ijab.de/downloads/FJI_Aufsaetze/fji_2008-2010/fji_2009_Thomas_Schueleraustausch_286-302.pdf. Zugriff: 12.09.2010.

Weidemann, Doris (2004): Interkulturelles Lernen. Erfahrungen mit dem chinesischen >Gesicht<: Deutsche in Taiwan. Dissertation. Bielefeld: transcript.

Weidemann, Doris (2007): Akkulturation und Interkulturelles Lernen. In: Straub, Jürgen/ Weidemann, Doris/ Weidemann, Arne (Hrsg.): Handbuch Interkulturelle Kommunikation und Kompetenz: Grundbegriffe - Theorien - Anwendungsfelder. Stuttgart/ Weimar: Metzler. S. 488–498.

KULTUR – KOMMUNIKATION – KOOPERATION

herausgegeben von Gabriele Berkenbusch und Katharina von Helmolt

ISSN 1869-5884

1 *Gabriele Berkenbusch und Doris Weidemann (Hg.)*
Herausforderungen internationaler Mobilität
Auslandsaufenthalte im Kontext von Hochschule und Unternehmen
ISBN 978-3-8382-0026-2

2 *Vasco da Silva*
Critical Incidents in Spanien und Frankreich
Eine Evaluation studentischer Selbstanalysen
ISBN 978-3-8382-0036-1

3 *Gwendolin Lauterbach*
Zu Gast in China
Interkulturelles Lernen in chinesischen Gastfamilien:
Eine Längsschnittstudie über die Erfahrungen deutscher Gäste
ISBN 978-3-8382-0082-8

4 *Katharina Bertz*
Akkulturationsmodelle in der aktuellen Forschung
Metaanalyse neuester wissenschaftlicher Studien über Akkulturation
ISBN 978-3-8382-0126-9

5 *Sabine Emde*
Immigration und Schwierigkeiten im deutschen Alltag
Eine chinesische Migrantin in Deutschland
ISBN 978-3-8382-0101-6

6 *Andrea Richter*
Auslandsaufenthalte während des Studiums - Stationen, Bewältigungsstrategien und Auswirkungen
Eine qualitative Studie
ISBN 978-3-8382-0108-5

7 *Jessica Bielinski*
Bikulturelle Partnerschaften in Deutschland
Eine Studie über Diskriminierungen, Konflikte und Alltagserfahrungen
ISBN 978-3-8382-0299-0

8 *Gabriele Berkenbusch, Katharina von Helmolt, Vasco da Silva (Hg.)*
Migration und Mobilität aus der Perspektive von Frauen
ISBN 978-3-8382-0156-6

9 *Ann-Kathrin Hörl*
Interkulturelles Lernen von Schülern
Einfluss internationaler Schüler- und Jugendaustauschprogramme auf die persönliche Entwicklung und die Herausbildung interkultureller Kompetenz
ISBN 978-3-8382-0361-4

Abonnement

Hiermit abonniere ich die Reihe **Kultur – Kommunikation – Kooperation (ISSN 1869-5884),** herausgegeben von Gabriele Berkenbusch und Katharina von Helmolt,

❒ ab Band # 1

❒ ab Band # ___

❒ Außerdem bestelle ich folgende der bereits erschienenen Bände:
#___, ___, ___, ___, ___, ___, ___, ___, ___, ___, ___, ___

❒ ab der nächsten Neuerscheinung

❒ Außerdem bestelle ich folgende der bereits erschienenen Bände:
#___, ___, ___, ___, ___, ___, ___, ___, ___, ___, ___, ___

❒ 1 Ausgabe pro Band ODER ❒ ___ Ausgaben pro Band

Bitte senden Sie meine Bücher zur versandkostenfreien Lieferung innerhalb Deutschlands an folgende Anschrift:

Vorname, Name: ______________________

Straße, Hausnr.: ______________________

PLZ, Ort: ______________________

Tel. (für Rückfragen): ____________ *Datum, Unterschrift:* ____________

Zahlungsart

❒ *ich möchte per Rechnung zahlen*

❒ *ich möchte per Lastschrift zahlen*

bei Zahlung per Lastschrift bitte ausfüllen:

Kontoinhaber: ______________________

Kreditinstitut: ______________________

Kontonummer: ____________ Bankleitzahl: ____________

Hiermit ermächtige ich jederzeit widerruflich den *ibidem*-Verlag, die fälligen Zahlungen für mein Abonnement der Reihe **Kultur – Kommunikation – Kooperation** von meinem oben genannten Konto per Lastschrift abzubuchen.

Datum, Unterschrift: ______________________

Abonnementformular entweder **per Fax** senden an: **0511 / 262 2201** oder 0711 / 800 1889 oder als **Brief** an: *ibidem*-Verlag, Julius-Leber Weg 11, 30457 Hannover oder als **e-mail** an: **ibidem@ibidem-verlag.de**

***ibidem*-Verlag**

Melchiorstr. 15

D-70439 Stuttgart

info@ibidem-verlag.de

www.ibidem-verlag.de
www.ibidem.eu
www.edition-noema.de
www.autorenbetreuung.de

Zeitfracht Medien GmbH
Ferdinand-Jühlke-Straße 7
99095 Erfurt, Deutschland
produktsicherheit@kolibri360.de